5-7, rue de l'Ecole-Polytechnique, 75005 Paris

www.editions-harmattan.fr

ISBN : 978-2-343-19058-7
EAN : 9782343190587

Comprendre les finances locales

Petit précis pour les non financiers

Finances publiques

Collection dirigée par Thierry LAMBERT

Finances publiques/Public finance
Collection dirigée par/Collection directed by Thierry LAMBERT

Les finances publiques connaissent un développement important et se diversifient. Cette discipline couvre notamment les finances de l'État, le droit public financier, le droit fiscal, les finances communautaires, les finances locales, les finances sociales, les finances internationales et comparées, les procédures fiscales ainsi que le droit douanier. Ces questions peuvent être envisagées dans un cadre national, communautaire ou mondial.

La présente collection a pour vocation de publier des travaux originaux (thèses, essais, colloques...) ou de facture plus classique (manuels, commentaires de textes, recueils de documents...).

Elle a aussi pour ambition de rééditer des ouvrages aujourd'hui introuvables, mais fort utiles, dès lors qu'ils s'imposent comme référence et qu'ils sont agrémentés d'une préface substantielle.

Public finance steadily developping and diversifying. This discipline more particulary coversstate finance, public financial law, tax law, EU finance, local finance, social finance, international and comparative finance, tax procedures and customs law. Those questions can be considered within a national community or global framework.

The aim of this collection is to publish original works (theses, essays, symposiums...) or more traditional ones (textbooks text analyses, collections of documents ...).

In addition, it is meant to re-publish books which are currently untraceable no matter how usefulprovided they stand as genuine references and contain substantial prefaces.

Déjà parus

Mathurin MBOUNOU-NGOPO, *La fiscalité et l'impératif de développement du Centrafrique,* 2019.
Dominique VILLEMOT, *Le débat fiscal : une passion française,* 2019.
Aurélie DORT, *Fiscalité et sécurité sociale, Étude de la fiscalisation des ressources de la Sécurité sociale*, 2019.
Fidèle MENGUE ME ENGOUANG, *Les finances publiques du Gabon*, 2018.
DIOUKHANÉ Abdourahmane, *Les finances locales sénégalaises*, 2018.
ATECK A DJAM Félix, *Droit du contentieux fiscal camerounais, Nouvelle édition,* 2017.
Mahrez ZAHED, *La démarche de performance dans la gestion locale. Les collectivités territoriales face aux défis de la nouvelle gouvernance*, 2017.
PALMA-AMALRIC Valérie, *L'autonomie financière des autorités indépendantes*, 2017.

Lise GREMONT

Comprendre les finances locales

Petit précis pour les non financiers

L'Harmattan

Ouvrages du même auteur

GREMONT Lise, une politique publique d'emploi pour les jeunes, 2001, Paris, L'Harmattan.

GREMONT Lise, les stratégies organisationnelles d'une politique publique d'emploi pour les jeunes, 2004, thèse de doctorat, université de Paris Dauphine, éditions universitaires européennes.

GREMONT Lise, mutation dans les collectivités territoriales, 2014, Paris, L'Harmattan.

Introduction

Chaque citoyen est concerné de la naissance à la mort par les finances publiques : les routes, l'eau, l'électricité, les hôpitaux, les crèches, les écoles, les collèges, les lycées, les équipements sportifs, culturels, transport des réseaux téléphoniques et informatiques, les cimetières, etc.. Ainsi que des services : éducation, culture, sport, garde d'enfants, aide aux personnes âgées et à mobilité réduite, chômage, santé, servie incendie, police, etc. Même lorsqu'il s'agit de structures privées, il y a toujours un financement public soit de l'État soit d'une collectivité territoriale par le truchement de délégation de service public, ou de subventions aux tiers qui concerne le citoyen.

Dans un contexte de mutations territoriales, économiques, sociétales, il nous a paru important de mettre à la disposition des néophytes en finances publiques un outil compréhensible par tous.

En effet, chacun de nous est concerné par les politiques publiques mises en œuvre que ce soit par l'État, les régions, les départements, les métropoles, les communes, les regroupements de communes et d'agglomérations.

Toute politique publique doit être évaluée, pour cela les enjeux, la stratégie mise en œuvre, les objectifs, l'impact sur la population par les effets attendus doivent être définis.

Les entreprises sont bien sûr concernées puisqu'elles sont à la fois contributeurs par leur participation au travers de la contribution foncière des entreprises (CFE) et de la contribution sur la valeur ajoutée des entreprises (CVAE) et bénéficiaires puisqu'elles sont totalement impliquées dans les politiques publiques. Les entreprises sont bénéficiaires des délégations de service public, des subventions qui leur sont allouées dans le cadre d'une politique bien définie.

Il s'agit donc également d'apprécier le contexte dans lequel doit être mise en œuvre toute politique publique à court terme, moyen terme ou long terme.

La transformation profonde de l'économie depuis une quarantaine d'années a modifié la gestion des collectivités locales. La crise mondiale de 2008-2009 a aggravé ce contexte et les ressources des budgets des collectivités locales s'en ressentent, que ce soit par les ressources fiscales émanant des agents économiques (entreprises et ménages) que par les concours financiers de l'État.

Au 1er janvier 2019, la France comptait 34 967 communes réparties en 1258 établissements publics de coopération intercommunale (EPCI), 21 métropoles, 13 communautés urbaines, 233 communautés d'agglomération, 1001 communautés de communes. 510 257 élus représentent les habitants (les conseillers communautaires sont exclus puisqu'ils sont des élus municipaux) soit un élu pour 132 habitants. Autant dire que chacun d'entre nous est concerné par la gestion des finances publiques !

Le budget étant « l'acte par lequel sont prévues et autorisées les recettes et les dépenses des organismes publics » pour un exercice donné, la qualité de la gestion s'est autrefois mesurée à l'exécution de ces dépenses et de ces recettes. Cette conception a été enrichie avec la mutation du rôle des élus au départ de la décentralisation des trente dernières années, la professionnalisation des agents territoriaux, les attentes des citoyens et l'action du législateur : les outils de gestion des collectivités territoriales se sont affinés.

Dans ce petit précis de finances locales, la première partie : concerne les enjeux et la stratégie dans un contexte de mutation sociétale et institutionnelle, de transition énergétique, de réduction des finances publiques, ou les choix des investissements sont stratégiques, car il engage les générations futures,

la bonne gestion des services publics est également primordiale, quel que soit le niveau de la collectivité, pour améliorer la qualité de la vie des citoyens.

La deuxième partie : concerne le budget et ces différentes étapes ainsi que le rôle tenu par les différents acteurs des finances publiques : un budget bien géré permet d'optimiser à la fois les dotations de l'État, et les impôts payés par les contribuables.

La troisième partie : analyse et stratégie financière, notamment « identifier les marges de manœuvre des collectivités » est particulièrement développée, il nous semble en effet très important que le maximum d'élus et d'agents des collectivités soit informé des processus de négociations des emprunts auprès des banques. Les difficultés auxquelles s'est confronté un grand nombre de collectivités dans la gestion de leurs emprunts au début des années 2000 sont dues à la méconnaissance du mécanisme de calcul des taux des emprunts.

Des garanties ont depuis été mises en place, néanmoins une bonne compréhension du dialogue avec les banques permet de favoriser une gestion optimum des emprunts pour les collectivités sans avoir recours à l'augmentation de la fiscalité pour la population.

Ce petit précis de finances locales permettra à chaque personne qui le souhaite de comprendre le bon usage de l'argent public, afin que chacun puisse bénéficier des services qu'il attend pour améliorer ses conditions de vie.

SOMMAIRE

Partie 1
Enjeux et stratégie

Les enjeux et la stratégie dans un contexte de mutation sociétale et institutionnelle, de transition énergétique, de réduction des finances publiques, où les choix des investissements sont stratégiques, car il engage les générations futures.

La bonne gestion des services publics est également primordiale, quel que soit le niveau de la collectivité, pour améliorer la qualité de la vie des citoyens.

Chapitre 1
Les enjeux

A. Une approche sociologique et psychologique

Les finances qui conduisent l'action des collectivités territoriales reflètent les rapports de force entre les divers groupes qui structurent la société. Le financement de l'action publique locale est accolé à la situation psychologique des citoyens. L'attitude du citoyen à l'égard de la gestion des finances locales et notamment des autorités locales participe à l'élaboration de l'opinion et de la volonté publiques locales en matière financière.

La sociologie et la psychologie permettent d'analyser les évolutions comportementales qui résultent de ces attitudes, et notamment l'acceptation sociétale par un niveau acceptable de l'impôt qui fait consensus. Le consentement à l'impôt n'existe que si les citoyens ont le sentiment d'accomplir un devoir citoyen collectif. Dans le consentement, l'existence d'inégalités, mais également la norme sociale dominante jouent leur rôle.[1]

B. Le développement économique

Les collectivités sont soumises à une révolution économique, environnementale, communicationnelle, sociale, sociétale, philosophique sans précédent.

Les finances locales sont devenues au cours des années un moteur du développement économique territorial.

Générer du développement économique sur un territoire donné, repose sur l'intégration de l'ensemble des partenaires

[1] BAZART Cécile : le consentement à l'impôt, l'acceptation de la fiscalité et ses effets pervers, conférence, actes des 3eme rencontres parlementaires de la fiscalité, maison de la chimie, PARIS, volum : confidens ; p 5 à 7, avril 2015

qu'ils soient publics ou privés. Chacun des partenaires s'intègre dans une politique publique globale opportune pour tous les acteurs, tout en facilitant la mise en œuvre de leurs intérêts distincts.

Au travers de ses relations, le territoire s'est peu à peu densifié grâce au développement de ses partenariats. Par l'extension des compétences (loi du 19 juillet 1982, loi du 7 janvier 1983) les collectivités territoriales, communes, départements, régions se sont trouvés à l'interface du secteur public et du secteur privé. Ainsi, des sollicitations à franchir les divisions traditionnelles entre les différents acteurs qu'ils soient publics ou privés ont favorisé une coproduction du développement local. « L'objectif est de rompre avec une conception cloisonnée de la société » [2]

1. Le premier enjeu

Les financements publics traditionnels qui sont en grande partie payés par le contribuable sont les plus importants pour les collectivités territoriales. Ces financements publics se trouvent conjugués à d'autres privés, progressant selon une exigence parfois contradictoire.

2. Le deuxième enjeu

La libre administration des collectivités locales s'est profondément transformée : gestion financière des collectivités, départements, régions, groupements, extension des compétences : croissance de l'intercommunalité, réduction de l'autonomie financière et fiscale, mutualisation des moyens, péréquation verticale et horizontale, baisse des dotations, contractualisation avec l'État.

[2] BOUVIER Michel : Les finances locales, 17 eme édition, LGDJ systèmes pratique, Jouve, Mayenne, avril 2018

3. Le troisième enjeu

C'est une logique de performance qui domine la gestion publique des collectivités territoriales.[3] Des méthodes de gestion sont empruntées aux entreprises. Il convient de discerner quels changements s'opèrent afin de fixer des buts communs au système local. Les collectivités locales sont devenues un espace dans lequel se nouent des alliances entre différents acteurs locaux, nationaux, internationaux qui sont déterminés en partie par leur histoire.

La synthèse de ces enjeux étant de favoriser l'amélioration de la vie des citoyens en répondant à leurs attentes.

Pendant une trentaine d'années, les finances locales se sont partagé les richesses dans un contexte économique favorable. Des contraintes plutôt que le partage des richesses doivent maintenant être gérées.

Les finances locales engendrent un mécanisme de politique économique locale. C'est la représentation des objectifs économiques et financiers de l'autorité locale.

Les interactions entre les finances locales et les structures économiques locales sont importantes : impact de la conjoncture, des dépenses publiques locales et des prélèvements fiscaux sur la politique économique locale.

C. Les différentes démarches

4. La démarche juridique

Elle repose sur des principes essentiels de droit public.

Ces principes ont pour objectif d'assurer un pouvoir de décision et de contrôle aux représentants des citoyens. La transparence des comptes publics favorise l'accès à la démocratie.

---

[3] BOUVIER Michel : Les finances locales, 17 eme édition, LGDG systèmes pratique, Jouve, Mayenne, avril 2018

5. La démarche économique

C'est dans un contexte économique favorable que s'est exprimé le développement du pouvoir local. Le retrait de l'État a favorisé la libéralisation de l'économie vis-à-vis d'un marché économique étranglé par les réglementations ainsi qu'un mode de gestion du secteur public à l'image de celui des entreprises privées.[4]

6. La démarche financière et comptable

Une gestion plus ferme de l'argent public s'impose aux décideurs politiques et administratifs par la traduction budgétaire des orientations politiques. [5]

La réforme des plans comptables, le contrôle budgétaire en lien avec le suivi des engagements, la gestion pluriannuelle de l'investissement et du fonctionnement, la transparence financière nécessaire, ont rendu capitale l'administration plus rationnelle du secteur public. Par une plus grande rapidité dans l'action, une meilleure efficacité, la démarche administrative et institutionnelle apporte un complément indispensable sur la culture et les pratiques des acteurs financiers.

La culture juridique et la culture de gestion dans l'organisation des administrations institutionnelles locales permettent la prise en compte des arbitrages et décisions[6].

---

[4] La part des dépenses publiques dans le PIB atteint 57,5% en 2016 et 56,5% en 2017 et 54,6% en 2018

[5] BOUVIER Michel : Les finances locales, 17 eme édition, LGDG systèmes pratique, Jouve Mayenne, avril 2018

[6] BOUVIER Michel : Les finances locales, 17 eme édition, LGDG systèmes pratique, Jouve Mayenne, avril 2018

Chapitre 2
La stratégie

A. La stratégie du choix des objectifs

La stratégie du choix des objectifs des collectivités territoriales ressort du programme électoral approuvé par une majorité des électeurs.

Cette stratégie est de nature politique et son énonciation permet d'informer les citoyens en début de mandat, mais aussi de guider l'action des services des collectivités tout au long du mandat.

Le projet des élus est de prévoir une organisation pour faire vivre une véritable politique publique. La mise en œuvre de trois dynamiques est nécessaire :

1) la mise en place d'un organigramme multidimensionnel intégrant l'ensemble des acteurs de la vie publique qui sont susceptibles de participer à l'élaboration de la mise en œuvre de la politique publique,

2) un projet stratégique de développement économique local dont la question fondamentale est que veut-on à l'horizon 2025-2030 ?

3) Une dynamique essentielle est la conception d'une démarche qualité pour permettre d'assurer à l'ensemble de la population le meilleur service public dans l'intérêt général pour la population d'une part et d'autre part de démontrer l'exemplarité de la collectivité sur les conditions de travail des agents de la collectivité.

7. Les objectifs doivent être chiffrés et hiérarchisés

Ces objectifs participent à la vie démocratique lorsqu'ils prennent la forme d'un projet, correspondant à la durée d'un mandat électif.

La démarche managériale budgétaire doit permettre d'atteindre au meilleur coût des objectifs définis par les collectivités en conduisant les négociations budgétaires avec les partenaires et les services.

8. Les outils de pilotage

Les collectivités locales ont été amenées à développer des outils de pilotage et de contrôle interne, qui ont vocation à assurer la régularité juridique, comptable et financière de leur fonctionnement.

236 communes nouvelles regroupant 616 communes en 2018, le nombre de communes en France est passé à 34 977 communes au 1er janvier 2019.

2516 communes ont été retirées du recensement (création des communes nouvelles)

La loi de finances 2019 prévoit une disposition qui reconduit jusqu'en 2021 la garantie de la stabilité de la dotation forfaitaire des communes fusionnées l'année précédant leur fusion et cela pendant trois ans.

En se rassemblant, l'avenir des collectivités s'affirme dans l'intercommunalité sans perdre leur identité.

Les outils de gestion des collectivités territoriales se sont affinés : la présentation fonctionnelle du budget, la comptabilité des engagements, le programme d'investissements, les ratios financiers (épargne brute ou nette, capacité de désendettement).

Les collectivités ne peuvent plus se permettre d'adapter la structure organisationnelle en fonction des opportunités conjoncturelles, mais doivent mettre en place une structure à laquelle devront s'adapter les opportunités conjoncturelles afin de ne plus être aussi dépendantes des subventionnements aléatoires d'autres institutions.

Les objectifs sont : premièrement prévoir, organiser et suivre le budget de la collectivité dans une optique financière de développement des ressources pérennes, deuxièmement, assurer la conformité réglementaire et juridique de l'ensemble des actions de la collectivité, enfin, établir, le bilan du programme de la collectivité et engager un processus de réflexion pour le programme du mandat suivant.

B. Les objectifs stratégiques et leur traduction comptable

La traduction comptable des objectifs stratégiques s'exprime de la manière suivante :

- Appréhender les flux financiers résultant des décisions budgétaires.
- Rechercher les ressources de financement qu'ils nécessitent.
- Instruire les dossiers en amont de la prise de décisions.
- Mettre en évidence les incidences financières des projets.
- Mesurer les conséquences sur les relations avec les partenaires extérieurs.
- Optimiser le résultat financier pour une politique budgétaire donnée.

9. La présentation fonctionnelle

La présentation fonctionnelle des budgets des communes et établissements de coopération intercommunale est un outil de suivi appréciable pour les politiques clairement identifiées comme l'enseignement, la culture, le sport, etc.

La présentation fonctionnelle des budgets favorise la clarté des comptes au travers des politiques mises en œuvre.

Chapitre 3
L'évaluation des politiques publiques

A. Du programme de la mandature aux projets et à leur évaluation

Les finalités sont choisies par les élus en fonction des événements sociologiques, économiques, financiers.

Être performant pour une collectivité territoriale c'est définir le périmètre de ses actions publiques : grands projets, engagements électoraux, services publics rendus et de les réaliser avec un niveau de qualité et des ressources contraintes (son budget/son personnel/sa technologie). Il s'agit d'avoir en amont et sur la base d'un diagnostic territorial (évaluation de départ) un projet de mandat avec des finalités, des objectifs, des résultats à atteindre, des plans d'action, puis durant le temps du mandat d'avoir un système d'évaluation qui permette le suivi, la régulation, la vérification et la communication de la bonne réalisation du projet. L'évaluation des politiques publiques locales se concentre donc plus particulièrement sur les besoins du territoire, les résultats des actions entreprises pour y répondre et sur leurs impacts.

B. Les enjeux de l'évaluation des politiques publiques locales

Évaluer une politique publique, c'est émettre un jugement de valeur sur cette politique. C'est notamment rechercher si les moyens juridiques, administratifs, financiers, humains, technologiques… mis en œuvre permettent de produire les effets attendus de cette politique et d'atteindre les objectifs qui lui sont assignés. C'est apprécier l'efficacité, l'efficience, la cohérence, la pertinence, l'impact des plans d'action du projet politique (projet de mandat) mis en œuvre. L'évaluation des politiques publiques se fait donc en référence à un projet de départ avec des moyens, des résultats et des effets attendus clairement annoncés, ce qui suppose donc en préalable que le projet politique soit formalisé.

10. Les finalités de l'évaluation sont multiples

- **Déontologique** : L'évaluation permet de rendre compte aux responsables politiques et aux citoyens sur la manière dont une politique publique a été mise en œuvre et sur les résultats qu'elle a obtenus.

- **Gestionnaire :** l'évaluation permet de répartir plus rationnellement les ressources humaines et financières entre les actions, améliorer la gestion des services chargés de les mettre en œuvre.

- **Décisionnelle** : l'évaluation permet de préparer les décisions concernant la poursuite, l'arrêt ou la refonte d'une politique.

    - Apprentissage et mobilisation : L'évaluation contribue à la formation et à la motivation des agents publics et de leurs partenaires en les aidant à comprendre les processus auxquels ils participent et de s'en approprier les objectifs
    - Communication : l'évaluation permet de mieux communiquer sur ce que l'on fait, sur le sens de l'action, les résultats obtenus.

Une politique est évaluable à plusieurs conditions :

- Elle poursuit des objectifs et des résultats définis.
- Elle est formulée en terme de programme de plans d'action.
- Elle se fonde sur une réflexion sur les liens logiques ou liens de causalité entre les actions définies, les objectifs, les résultats.

- Il existe un système d'information autour de la politique à évaluer (tableaux de bord, indicateurs).
- Les responsables (élus) et gestionnaires (administration) de la politique et des programmes sont sensibilisés à l'évaluation.

11. Elle poursuit des objectifs et des résultats définis

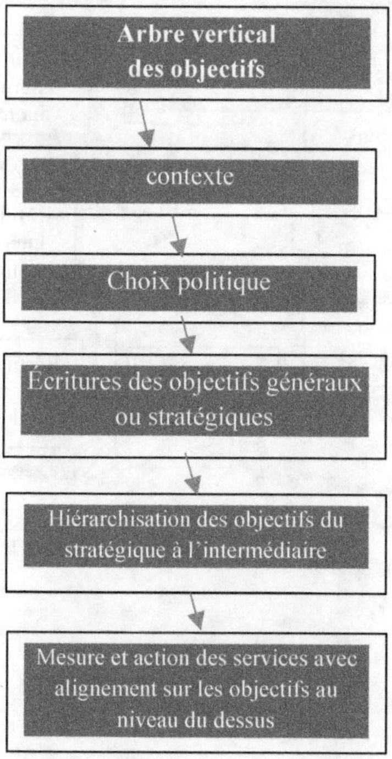

12. Elle est formulée en terme de programme de plans d'actions

DIAGRAMME LOGIQUE D'IMPACT[7]

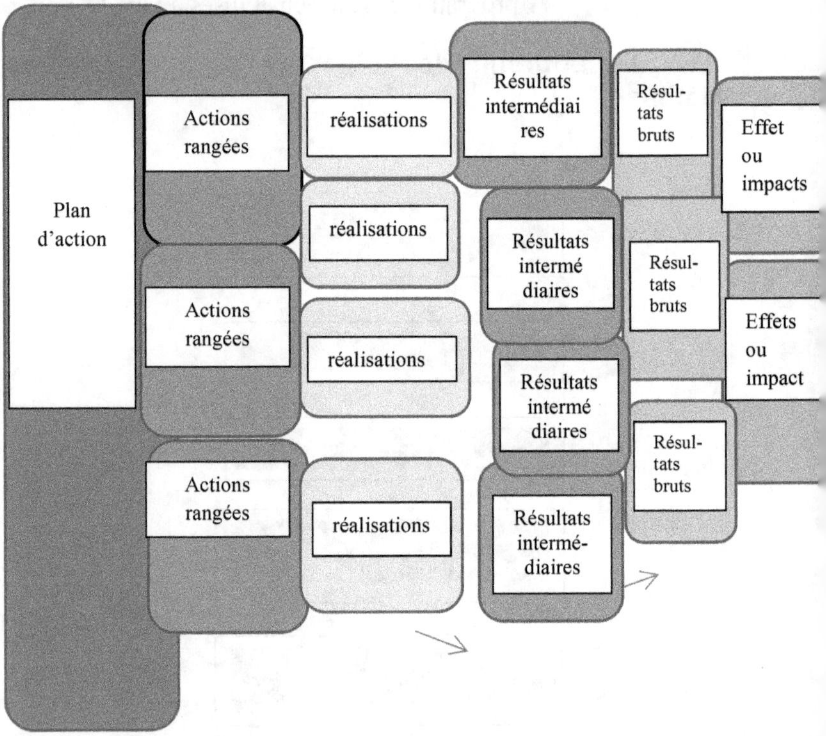

[7] BASLE Maurice, Suivi et évaluation des politiques publiques et des programmes, Paris : economica, septembre 2008. 180 p

B. La structure organisationnelle

Toute organisation repose sur les fondements communicationnels des êtres humains qui la composent. L'évaluation participative semble être l'approche la plus judicieuse permettant de contourner les problématiques liées à l'intercommunication humaine. En effet, l'être humain est plus souvent confronté à ses réalisations qu'à sa réalité, les avancées sont plus nombreuses sur le plan de la technologie que sur le plan de la démocratie. Pour qu'une évaluation participative réussisse, l'approche doit être décidée en amont de la définition du cahier des charges afin d'intégrer les préoccupations de chacun.

13. La construction des actions qui concernent les acteurs

Une structure organisationnelle, quelle qu'elle soit émet des blocages si les acteurs ne participent pas à la construction des actions qui les concernent.

L'évaluation participative d'une politique publique repose d'une part sur la volonté de démocratie participative en lien avec le développement du dialogue citoyen ce qui signifie que les acteurs doivent partager le pouvoir et d'autre part sur le constructivisme. La difficulté d'une évaluation participative est la diversité des participants et la profondeur de la participation.

L'intérêt est triple :

- une meilleure qualité de l'évaluation.
- Un apprentissage sur le programme qui favorise le changement.
- Une responsabilisation des bénéficiaires.

Il faut abandonner l'idée que les décideurs politiques peuvent contrôler les metteurs en œuvre.

Au contraire, à partir d'une formulation concrète d'une situation, il s'agit de définir des solutions organisationnelles grâce auxquelles cette situation peut être affectée ou modifiée par la politique publique.

La mise en œuvre d'une action repose sur le concept de l'agir communicationnel (Jürgen Habermas).[8] Une action sociale repose à la fois sur l'agir communicationnel et sur l'agir stratégique. Les opérations de pensées et de langage sont conjuguées aux actions. Plus le processus d'évaluation intégrera ces données, plus les résultats seront fiables.

Différents niveaux stratégiques d'intervention semblent indispensables avec la mise en place de nouvelles structures.

14. Le sociogramme permet de cibler les acteurs à différents niveaux d'intervention

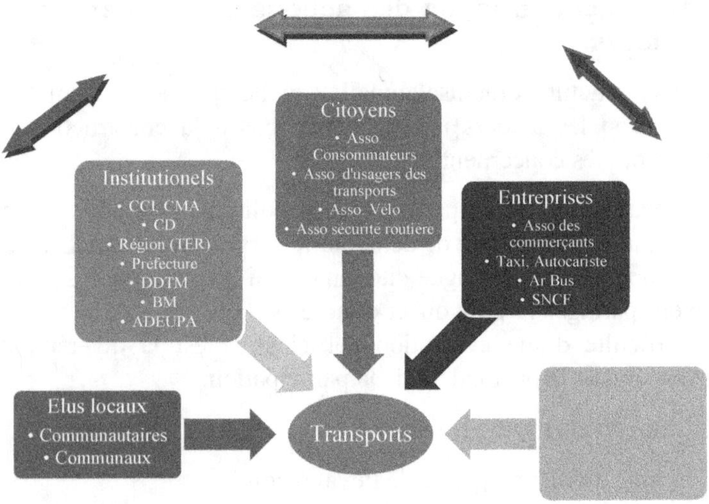

Exemple ville x transports et déplacements

[8] HABERMAS Jürgen : théorie de l'agir communicationnel Fayard Paris 1987

15. L'implication des décideurs

Il est nécessaire d'impliquer les décideurs (les élus), les organisateurs (l'administration avec les services fonctionnels), les metteurs en œuvre (l'administration avec les services opérationnels).

Les décideurs publics et les structures concernées forment un ensemble dont les composantes sont parfois en conflit, parfois en accord. Les acteurs occupent une position stratégique dans le système dans la mesure où ce sont eux qui formulent le cadre intellectuel au sein duquel se déroulent les accords, les contestations ou les ententes qui conduisent à la prise de décision.[9]

C. Les structures de fonctionnement

Trois structures de fonctionnement sont en général nécessaires :

- Une structure stratégique
- Une structure tactique
- Une structure opérationnelle

16. La structure stratégique

La structure stratégique est chargée de donner les orientations et à laquelle le suivi des actions est rapporté. Une commission composée d'élus du secteur et de techniciens fonctionnels concernés est plus spécialement chargée de la stratégie.

17. La structure tactique

Une structure tactique est chargée d'analyser les points de blocage possibles et de proposer une tactique qui permet l'avancée des projets. Un groupe de travail tactique composé d'élus et de techniciens s'attache à anticiper les phénomènes de blocage qui pourraient apparaître et qui empêcheraient les

[9] LIPIETS Alain : la société en sablier, la découverte Paris 1998

objectifs d'aboutir. Leur rôle est comparable à celui des « démineurs ».[10]

18. La structure opérationnelle

Une structure opérationnelle est chargée de la mise en œuvre des actions en lien direct avec les bénéficiaires. Un collectif de travail s'attachera à la mise en œuvre des plans d'actions au niveau opérationnel. Cette structure sera composée des techniciens spécialistes et des agents fonctionnels du secteur ou de la structure.

19. L'institutionnalisation de trois structures

L'intérêt de l'institutionnalisation de trois structures est de pouvoir fonctionner les unes avec les autres, mais aussi les unes sans les autres.

Des moments de restitutions sont instaurés lors d'espaces transitionnels au sein desquels chacun peut exprimer les difficultés rencontrées ou les avancées sociétales ou autres, ces informations sont écrites et retransmises aux autres structures.

Une politique publique est autant conditionnée par son exécution que par la décision.[11]

Pour tout acteur concerné, la mise en place d'un système d'évaluation est une situation innovatrice, génératrice de sens.

Le sens se manifeste toujours entre le discours et la réalité vécue dans la relation quotidienne qu'il faut savoir gérer. « Le sens émerge dans l'écart entre ce qui se dit et ce dont on parle » (Paul Ricœur).

Les outils de communication de l'évaluation sont donc utilisés par les trois structures et permettent à tous d'être informés de l'avancement des actions au niveau opérationnel.

---

[10] GREMONT Lise : Les stratégies organisationnelles de la mise en œuvre d'une politique publique d'emploi pour les jeunes, thèse de doctorat, Université Paris dauphine 2004

[11] DUBET François : sociologie de l'expérience, seuil, Paris 1994

Pour qu'un plan d'action d'évaluation soit efficace, l'arbre des objectifs doit intégrer l'objectif organisationnel et prendre en compte la participation des acteurs.

D. Formalisation du cahier des charges du projet d'évaluation des politiques publiques

Le cahier des charges doit être précis et validé par l'autorité territoriale tant sur l'objet même de l'évaluation que sur la démarche souhaitée : que s'agit-il d'évaluer ? Pourquoi ? Comment l'évaluer ? Qui évalue ?

20. Composition des instances

- Le groupe de pilotage : composé de l'exécutif municipal, du DGS et/ou du directeur pour l'animation de la cité.
- Le groupe de pilotage valide le cahier des charges, les rapports d'évaluation, le plan de communication.
- Le groupe évaluation : c'est un groupe composé des évaluateurs (chefs de service/responsable de secteur) qui relaient l'action du groupe de pilotage.
- Le groupe évaluation recueille les informations, les tableaux de bord, les rapports d'évaluation sectorielle ou par opération).
- Les évaluateurs sont des personnes identifiées comme responsable de la réussite d'un plan d'action, d'une action, d'une opération, d'un fonctionnement.
- Les groupes d'analyse des données : composés des acteurs concernés par l'objet de l'évaluation, ces groupes sont chargés d'interpréter les données et de produire des analyses collectives.
- Les agents chargés du recueil des informations
  Pour évaluer, il faut nécessairement recueillir les informations utiles à l'évaluation. Ces informations sont diverses et varient en fonction des critères d'évaluation : efficacité, efficience, impact, pertinence, cohérence, conformité…

- L'animation du système d'évaluation des politiques publiques

L'évaluation des politiques publiques doit être animée, les résultats doivent être exploités, les résultats communiqués.

Chapitre 4
La construction d'indicateurs de développement socio-économique

A. Les indicateurs démographiques

- Les données fiscales liées à la taxe d'habitation (TH)
    - indicateurs démographiques
    - Indicateurs sociaux
        - Nombre de bénéficiaires du RSA
        - Personnes à charge par foyer fiscal
        - Personnes exonérées

- La taxe sur le foncier bâti donne des chiffres sur le développement immobilier : progression et qualité de l'habitat, logements sociaux, locaux dédiés à l'activité économique.

- La contribution foncière des entreprises (CFE) et foncier bâti (FB) donne des informations sur le développement économique du territoire.

    - nombre de contribuables assujettis à la cotisation économique territoriale
    - indication des secteurs d'activité
    - stock d'équipements utilisés dans le processus de production
    - nombre de locaux commerciaux imposés
    - nombre d'établissements industriels

- Un observatoire fiscal mis en place par les départements et les régions contribuent à l'évaluation des politiques publiques. Elle permet de croiser l'origine des recettes de fiscalités et l'origine géographique des dépenses afin d'évaluer la politique de péréquation du territoire.

- Le suivi de la richesse fiscale permet d'affiner les clefs de répartition des aides attribuées aux Collectivités de rang inférieur.

B. Informations sur le développement économique du territoire

- Les informations socio-économiques à collecter sont auprès de :
- L'INSEE pour les données relatives au PIB, aux revenus et à la démographie.
- Les chambres de commerce et d'industrie, la direction de l'activité économique et les communes pour la connaissance du tissu économique.
- La banque de France pour les données relatives à l'activité économique des comptes annuels des entreprises.
- La direction régionale ou départementale de l'équipement pour les données concernant l'urbanisme.
- Les autres informations socio-économiques.

Chapitre 5
Les outils de pilotage

A. La comptabilité analytique

Les objectifs participent à la vie démocratique lorsqu'ils prennent la forme d'un projet correspondant à la durée d'un mandat électif.

Ils seront d'autant plus efficacement mis en œuvre qu'ils ne restent pas au stade du programme électoral, mais seront enrichis et déclinés en termes opérationnels après l'élection grâce à la collaboration des services. C'est pourquoi les objectifs doivent être chiffrés et hiérarchisés.

21. La présentation fonctionnelle

La présentation fonctionnelle des budgets des communes et établissements de coopération intercommunale est un outil de suivi appréciable pour les politiques clairement identifiées comme l'enseignement, la culture, le sport.

La présentation fonctionnelle des budgets favorise la clarté des comptes au travers des politiques mises en œuvre. Certaines collectivités ont souhaité s'écarter de la maquette budgétaire réglementaire pour s'inspirer de l'organisation financière de l'Etat en mission – programme – action et adapter leur comptabilité à leurs spécificités locales.

22. Le contrôle de gestion

Le contrôle de gestion repose sur la saisie, le traitement et la diffusion de nombreuses informations alimentant des tableaux de bord présentant non seulement les moyens mis en œuvre, financiers ou humains, mais aussi des données physiques relatives à l'activité des services, voire à leur impact.

Le choix des indicateurs, quantitatifs et qualitatifs, et leur fiabilité sont essentiels. Leur suivi permet la mise en œuvre de mesures correctrices.

B. Le dimensionnement du besoin

23. Les questions que la collectivité doit se poser

Quels sont les objets auxquels on veut rattacher les coûts ? Les segments d'activité ? Les produits ? Les zones géographiques ? Les centres de responsabilité ? Les processus et les activités ? Les équipements utilisés ? Le coût de l'heure de travail ? Une décision ponctuelle ou l'ensemble de l'organisation ?

Quelle proportion des coûts de l'organisation rattacher à ces objets ?

Coûts directs uniquement ? Coûts complets ?

Selon quels axes d'analyse va-t-on suivre les composantes de ces coûts ?
Entité responsable ? Activité ? Projet ? Selon quelle dimension temporelle ?

Avec quel mode de valorisation des ressources ? - Coût historique avec plus ou moins de mutualisation ?

24. La méthode des coûts complets

Les unités d'œuvre permettent en comptabilité analytique de répartir les charges indirectes en fonction de critères tels que le volume d'heures utilisé, le nombre d'agents, pour les imputer dans un calcul de coût de revient d'un bien ou d'un service.

Elle permet de répartir les dépenses indirectes de manière linéaire dans des centres de répartition selon des clefs de répartition (la répartition des dépenses directes ne présentant pas de difficultés).

Le calcul du coût de revient d'un service public peut se décomposer en plusieurs étapes :

1. L'affectation des coûts directs aux objets de coûts considérés : soit par l'utilisation d'une codification analytique, soit en mettant en lumière les temps rattachés valorisés à un prix horaire de la main d'œuvre et en considérant les quantités de matières premières utilisées par leur coût unitaire.

2. Le regroupement des coûts indirects par sections contenant un ensemble de coûts contribuant à la réalisation d'un même service ou d'une même fonction.

3. La définition d'une unité d'œuvre permettant de mesurer la corrélation entre un volume de réalisation de service et les coûts consommés.

4. La ventilation des coûts indirects en utilisant les unités d'œuvres, clés de répartition.

25. À titre rétrospectif et informatif

- Connaître les coûts des différentes fonctions et produits et établir des coûts de revient des activités.
- Déterminer des bases d'évaluation.
- Permettre l'élaboration d'un barème de facturation, peut être utilisé dans le cadre de refacturations internes entre les services de la collectivité.

26. La particularité de la comptabilité analytique,

Adaptée aux besoins de chaque collectivité, elle ne permet pas de comparer les résultats à ceux d'une autre collectivité, même d'une taille similaire ou d'une organisation proche.

Le risque est de ne pas l'utiliser dans le pilotage de l'organisation et donc d'en faire un outil ponctuel.

La mise en place d'une comptabilité analytique a un coût pour la collectivité puisqu'elle nécessite un traitement de données de la comptabilité générale.

Les calculs de coûts sont à prendre avec précautions surtout lorsque les coûts directement imputables représentent une faible proportion.

27. À titre prospectif

Pour contrôler la gestion :

• élaborer des coûts préétablis, suivre, analyser et agir sur les écarts ;

• établir des prévisions de dépenses et de recettes pour l'élaboration de budget ;

• permettre une plus grande transparence des coûts des actions et des politiques publiques et ainsi d'alerter en cas de surcoûts pour chercher à les réduire ensuite ;

• contribuer à l'instauration d'une démarche d'amélioration continue et donc de pilotage de la performance ;

• attirer l'attention des responsables sur l'ensemble des ressources nécessaires pour assurer une prestation.

Chapitre 6
L'évaluation du coût du service public

A. Les indicateurs et critères de pertinence et d'efficience de l'action publique

28. Le pilotage de la masse salariale

L'évolution des frais de personnel consolidés, communes, EPCI, ont progressé de 4,6 % dans les quinze dernières années.

Les charges de personnel représentent 35 % des dépenses de fonctionnement et 24 % des dépenses totales.

Le poids total des dépenses de personnel est proche de 40 % en tenant compte des effectifs portés par les satellites qui contribuent à l'action locale et à 60 % pour les communes

Les trois effets de l'évaluation budgétaire des frais de personnels

1) La prise en compte de l'effet volume lié aux effectifs

- les impacts de création ou de suppression de postes et l'important décalage entre les décisions prises et les recrutements menés,
- les choix effectués par le personnel (anticipation départs en retraite, temps partiel, retour au temps plein),
- les réponses apportées aux problématiques posées (traitement des personnels en surnombre) utilisation effective des marges d'action des services en matière de remplacement),

2) La composition de l'effectif

- les moyens permanents comprenant des titulaires, des stagiaires, des non titulaires, des personnels volants, des personnels en surnombre,

- les moyens non permanents sans création de postes par l'assemblée délibérante : des remplacements ponctuels d'absence, les saisonniers et occasionnels, les vacataires.

3) Les prévisions ne peuvent prendre en compte :

- les choix individuels de départ ou de modulation d'horaire,
- le temps nécessaire pour mettre en œuvre les ajustements temporaires ou définitifs,
- la capacité de pourvoir plus ou moins rapidement les postes ouverts en fonction du marché de l'emploi,
- lorsque le budget est voté en décembre n-1 janvier n, le budget du personnel est construit au cours de l'automne n-1, le budget voté est caduc, car il n'intègre pas les évènements nouveaux intervenus au cours de la phase d'arbitrage et de préparation de la séance.

29. La prise en compte de l'effet prix lié aux masses salariales

1) Les facteurs nationaux :

- l'évolution du SMIC,
- les modifications du point d'indice,
- La variation des taux de cotisation.

2) Les facteurs locaux :

- le déroulement des carrières des individus (avancement de grade, échelon, promotions),
- l'effet noria de remplacement d'un salarié âgé par un plus jeune (GVT),
- l'évolution des régimes indemnitaires.

3) Les effets résiduels :

- l'absentéisme effectif décliné entre ses différentes causes (maladie, accident du travail, évènements familiaux),
- l'évaluation des indemnités journalières,

- l'évaluation des indemnités de chômage pour les personnes non prises en charge,
- les décisions de reconstitutions de carrière à l'initiative des personnels,
- les retenues sur salaires liées aux grèves.

30. L'interdépendance des facteurs

Les trois effets répertoriés ci-dessus ne sont pas totalement indépendants les uns des autres :

- mécaniques : anticipation ou report de départ à la retraite, Glissement Vieillesse Technicité (GVT)

- organisationnelles : remplacement du personnel temporairement indisponible

- tout système d'optimisation des prévisions et estimations budgétaires des charges de personnel doit prendre en compte les contraintes afin d'évaluer l'évolution des frais de personnel (Courbe de Gauss sur les âges de départ à la retraite),

B. L'analyse fonctionnelle des coûts

Le ratio rapporte le niveau de service rendu rapporté aux dépenses réelles de fonctionnement à la population. Il vise à mesurer le train de vie de la collectivité. La prise en compte des charges débudgétisées (budgets annexes et rattachés, satellite de droit privé, associations) doit relativiser les dépenses réelles de fonctionnement.

Le ratio du poids du personnel rapporte les charges de personnel aux dépenses réelles de fonctionnement. Le rapport entre l'effectif du personnel et la population de la collectivité est moyennement significatif, car il ne tient pas compte du personnel employé par les associations ou d'autres structures débudgétisées.

Pour les départements la part des dépenses propres d'investissement (collège, routes, bâtiments départementaux) est à mettre en rapport avec les subventions d'équipement et fonds de concours qui deviendront des dotations aux amortissements en section de fonctionnement pour les tiers.

L'indicateur du taux d'autofinancement de l'investissement rapporte l'épargne nette aux dépenses d'équipement brut.

C. L'évaluation des dépenses de gestion

L'évolution des comptes de la collectivité sur la période de référence doit être prévue.

En début d'année, le dernier exercice révolu sera considéré comme base de la rétrospective en appliquant le pourcentage d'évolution (pas de décision modificative en début d'exercice).

En fin d'année, on privilégie un taux de réalisation proche de celui des années passées sur les dépenses de fonctionnement.

Partie 2
Le budget
et ses différentes étapes

Le budget et ces différentes étapes ainsi que le rôle tenu par les différents acteurs des finances publiques permettent d'optimiser à la fois les dotations de l'État et les impôts payés par les contribuables.

Chapitre 1
Les principes budgétaires et le cycle budgétaire annuel

A. Les principes budgétaires

Tous ces principes : annualité, unité, universalité, spécialité et nomenclature budgétaire, sincérité, permettent de comparer les différents budgets, puisque tous utilisent les mêmes normes budgétaires avec des différences liées à leurs compétences.

31. Le principe d'annualité

- Pour les collectivités locales, le principe d'annualité exige :
  - que le budget soit défini pour une période de douze mois allant du 1er janvier au 31 décembre,
  - que chaque collectivité adopte son budget pour l'année suivante avant le 1er janvier, mais un délai leur est laissé par la loi jusqu'au 15 avril de l'année à laquelle le budget s'applique, ou jusqu'au 30 avril, les années de renouvellement des assemblées locales.
- Néanmoins, voter le budget avant le 31 décembre permet d'avoir une perspective d'une année complète pour la gestion de la collectivité locale, lorsque cela est possible.

32. Le principe d'unité

Pour les budgets locaux, le principe d'unité suppose que toutes les recettes et les dépenses figurent dans un document budgétaire unique, le budget général de la collectivité. Toutefois, d'autres budgets, dits annexes, peuvent être ajoutés au budget général afin de retracer l'activité de certains services.

Ex : le budget du Centre d'action sociale annexé au budget général de la commune. Les services publics industriels et commerciaux (SPIC) gérés directement par les communes doivent, quant à eux, obligatoirement figurer dans un budget annexe.

33. Le principe d'universalité

Le principe d'universalité, selon lequel l'ensemble des recettes couvre l'ensemble des dépenses, se décompose en deux règles :

- 1. La règle de non-compensation, interdit la compensation des dépenses et des recettes. Ainsi, il n'est pas possible de soustraire certaines dépenses de certaines recettes, et de soustraire des recettes de certaines dépenses pour ne présenter que le solde des opérations ainsi « compensées ».
-2. La règle de non-affectation, interdit l'affectation d'une recette à une dépense déterminée. Elle implique de verser toutes les recettes dans une caisse unique où l'origine des fonds est indéterminée.

Le principe d'universalité implique pour les budgets locaux :

- que toutes les opérations de dépenses et de recettes soient indiquées dans leur intégralité et sans modifications dans le budget. Cela rejoint l'exigence de sincérité des documents budgétaires ;
- que les recettes financent indifféremment les dépenses. C'est l'universalité des recettes.

34. Le principe de spécialité et de nomenclature budgétaire

Le principe de spécialité des dépenses des budgets locaux consiste à n'autoriser une dépense qu'à un service et pour un objet particulier. Ainsi, les crédits sont affectés à un service, ou à un ensemble de services, et sont spécialisés par chapitre groupant les dépenses selon leur nature ou selon leur destination.

35. Le principe de sincérité

La loi organique relative aux lois de finances du 1er août 2001 (LOLF) consacre un nouveau principe budgétaire. En effet, selon

l'article 32, « les lois de finances présentent de façon sincère l'ensemble des ressources et des charges de l'État ».
Ce principe de sincérité budgétaire, inspiré du droit comptable privé (1982), implique l'exhaustivité, la cohérence et l'exactitude des informations financières fournies par l'État. Son application est limitée par la nature prévisionnelle de la loi de finances (le dernier alinéa de l'article 32 prévoit que : « leur sincérité s'apprécie compte tenu des informations disponibles et des prévisions qui peuvent raisonnablement en découler »).

36. Le cycle budgétaire annuel

	Budget de l'exercice N	**Exécution**
Année N	**Budget primitif**, voté avant le 1er janvier, possibilité de vote jusqu'au 31 mars	**1er janvier au 31 décembre en investissement** **Du 1er janvier au 31 janvier de l'année suivante en fonctionnement** (journée complémentaire)
Année N	**Budget supplémentaire**, si nécessaire, lorsque les résultats de l'année précédente sont connus **Décisions modificatives,** possibles en tout temps après le vote du budget primitif	**Comptabilité de l'ordonnateur** budgétaire **du trésorier** : patrimoine trésorerie, tiers
Année N+1	**Décisions modificatives :** Possibles jusqu'au 21 janvier, ajustement des crédits nécessaires au mandatement des dépenses de fonctionnement engagées et à l'exécution des opérations d'ordre	**Aboutissent à :** Compte administratif en concordance avec Compte de gestion **Arrêté des comptes après la journée complémentaire**

Chapitre 2
L'élaboration d'un budget

L'élaboration du budget doit répondre à des règles définies par le code général des collectivités territoriales (CGCT). Elle se divise en quatre étapes, réparties tout au long de l'exercice :

A. L'ordre d'élaboration d'un budget

Pour élaborer un budget, il faut respecter l'ordre suivant :

1 Recettes de fonctionnement	2 Dépenses de fonctionnement	3 Recettes d'investissement	4 Dépenses d'investissement

1. Recettes de fonctionnement

Commencer par déterminer les recettes de fonctionnement (RF), c'est-à-dire les recettes régulières et permanentes.

2. Dépenses de fonctionnement

Inscrire les dépenses de fonctionnement (DF), c'est-à-dire les dépenses courantes et ordinaires,

Calculer l'épargne de gestion, recettes de fonctionnement – dépense de fonctionnement.

Calculer la capacité d'autofinancement (CAF), l'autofinancement brut à transférer en section d'investissement, épargne de gestion – intérêt de la dette.

Vérifier que la CAF est satisfaisante et conforme aux objectifs fixés.

Inscrire le remboursement du capital des emprunts et avances.

Vérifier que la CAF rembourse bien le capital de la dette.

Dégager ainsi l'autofinancement net, épargne brute – capital de la dette.

3 Les recettes d'investissement

Déterminer ensuite les autres recettes d'investissement (RI),

4 Les dépenses d'investissement

Inscrire enfin les dépenses d'investissement souhaitées et surtout possibles (DI).

Le respect de cet ordre et de ces étapes est primordial pour une saine gestion.

Le budget est voté pour un an, néanmoins le budget doit être étudié dans un cadre pluri-annuel.

Chaque collectivité doit mettre en place :

- un programme pluriannuel d'investissement (PPI) en planifiant les investissements prévus sur la durée du mandat,
- un plan pluriannuel de fonctionnement (PPF) avec les actions envisagées (création d'un nouveau service, politique du personnel....).

B. Le plan pluriannuel d'investissement (PPI)

37. La programmation pluriannuelle des investissements

Le PPI est un outil de programmation des investissements sur le mandat.

Il doit tenir compte du coût prévisionnel des investissements envisagés, des moyens de financement, mais aussi des charges de fonctionnement induites et du calendrier souhaité de réalisation.

Il doit être déterminé par l'analyse financière rétrospective (5 ans minimum) et prospective (5 ans également).

Il est aussi un outil de bonne gestion puisqu'il permet de déterminer ou non la faisabilité financière du programme électoral et d'anticiper les dossiers de demandes de subvention.

L'objectif d'un PPI est également de diminuer les restes à réaliser. Le faible taux souvent constaté de réalisation des dépenses d'investissement souligne une mauvaise planification.

Un PPI n'est jamais définitif et doit être réactualisé chaque année.

Il est la feuille de route du mandat et il doit comprendre :

- le remboursement du capital (obligatoire)
- les conditions de réalisation (achat de terrain, étude préalable, problèmes éventuels...),
- le calendrier, la durée de réalisation,
- le plan de financement,
- les charges induites de fonctionnement.

Le PPI tient compte :

- de la capacité financière de la commune,
- de l'évolution de la CAF,
- de la chute d'annuité des emprunts,
- de l'évolution de la fiscalité,
- des subventions en fonction des programmes connus (Europe, État, Conseil régional, Conseil Départemental, DETR, agence de l'eau, ADEME...)

Enfin, le PPI se matérialise budgétairement par les autorisations de programme (AP).

C. La présentation de la relation fonctionnement et investissement

- Les investissements contraints en fixant une enveloppe moyenne annuelle pour :
- les gros travaux bâtiments, les gros travaux de voirie,
- l'acquisition de matériel et de véhicules,
- acheter des terrains en vue de constituer des réserves foncières,
- L'achat de plantations.

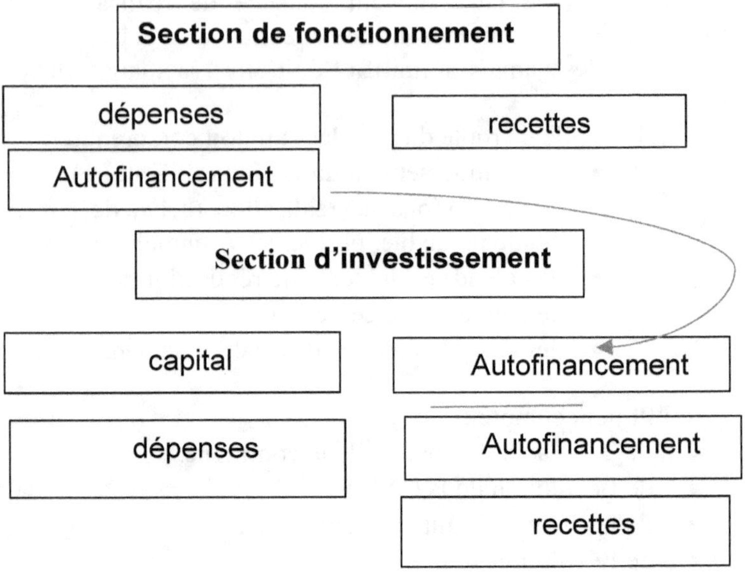

Exemple :

Calcul de l'autofinancement de gestion

Total des recettes de fonctionnement	1 000 000 €
Total des dépenses de fonctionnement	800 000 €
Total des intérêts d'emprunts (compris dans les dépenses)	100 000 €

EG=R-(DF-IN)	**EB=EG-IN**	**EN=EB-CA**
1 000 000 €-(800 000 €-100 000 €)=300 000 €	1 000 000 €-800 000 €= 200 000 €	200 000 €-50 000 €= 150 000 €

<u>L'autofinancement de gestion (EG).</u>

L'autofinancement de gestion ou épargne de gestion est égal aux recettes de fonctionnement moins les dépenses de fonctionnement (non compris les intérêts de la dette), est donc de 300 000 €.

Calcul : 1 000 000 € – (800 000 € – 100 000 €) = 300 000 €

Il faut en effet enlever aux dépenses de fonctionnement les intérêts.

<u>Calcul de l'autofinancement brut (EB)</u>

L'autofinancement brut ou l'épargne brute sera de 200 000 €, c'est-à-dire les recettes de fonctionnement 1 000 000 € moins les dépenses de fonctionnement 800 000 €.

L'opération comptable consistera donc à inscrire :
en dépenses de fonctionnement à l'article 023 : 200 000 €
en recettes d'investissement à l'article 021 : 200 000 €

Il s'agit bien d'une opération d'ordre, car la collectivité, après cette écriture comptable, n'est pas plus « riche, ni pauvre » qu'avant. Globalement, il y a la même somme en recettes et dépenses et il n'y a eu aucun mouvement financier avec un tiers.

Calcul de l'autofinancement net (EN)

Le capital des emprunts et des avances à rembourser s'élève à 50 000 €.

L'autofinancement net ou épargne nette sera donc 150 000 €, c'est-à-dire l'épargne brute de 200 000 € moins les 50 000 € de remboursement du capital de la dette.

L'épargne nette est en effet égale à l'autofinancement brut moins le remboursement du capital des emprunts et des avances.

La collectivité dispose donc, dans cet exemple, de 150 000 € pour investir.

38. La répartition d'une opération en fonctionnement ou en investissement

Le fonctionnement

Le fonctionnement représente la richesse d'une collectivité par les services proposés à la population, l'épargne dégagée et donc la capacité à investir,

Le déficit de fonctionnement peut entraîner, selon son importance, une mise sous tutelle (5 ou 10 % de déficit suivant la population).

L'investissement

La TVA est récupérable sur les dépenses d'investissement (quelquefois sur le fonctionnement),

Un emprunt ne peut financer qu'une dépense d'investissement. La recette sera une recette d'investissement. Le remboursement du capital sera une dépense d'investissement. Par contre, le remboursement des intérêts sera une dépense de fonctionnement, car il s'agit du coût de l'emprunt.

Dans tous les cas, la responsabilité personnelle du comptable public peut être engagée en cas d'erreur d'inscription entre les deux sections.

Une dépense peut être inscrite en investissement sous certaines conditions :

- qui ne peut être détruit par le premier usage, ayant une durée de vie supérieure à un an,
- pouvant être répertorié dans l'inventaire ou adjoint à un bien figurant déjà à l'inventaire.

Les élus doivent donc arbitrer entre fonctionnement (amélioration ou création d'un service, maintien de la CAF) ou investissement (nouvel équipement…).

Chapitre 3
Le débat d'orientation budgétaire

Le débat d'orientation budgétaire (DOB) est une obligation déjà ancienne instituée par la loi de 1992, afin d'améliorer l'information des membres des organes délibérants et d'organiser une plus grande transparence de l'information financière. Il est très important de bien respecter les différents thèmes en fonction de la taille de la collectivité sous peine de voir le préfet refuser le DOB et demander à la collectivité de revoir sa copie !

A. Le DOB pour les communes de plus de 3500 habitants

Les collectivités territoriales de 3500 habitants ont l'obligation d'organiser un débat d'orientations budgétaires (DOB) deux mois avant l'examen du budget primitif au conseil municipal : loi Administration Territoriale de la République (ATR) du 6 février 1992.

Deux mois avant le vote du budget, l'autorité territoriale (Maire pour les communes) soumet au conseil les actions prioritaires pour l'année.

39. Quatre thèmes sont abordés

1) Le bilan des actions de la collectivité réalisées et en cours
2) L'évolution sociale et économique au niveau local et national
3) Les remarques des usagers du service public
4) Le cadre national des finances publiques

L'information des conseillers est améliorée par la réalisation d'un rapport d'orientations budgétaires : loi portant nouvelle organisation territoriale de la République (loi NOTRe article 107 de la loi n° 2015-991 du 7 aout 2015, JO du 8 aout 2015).

Les modalités d'application sur le rapport d'orientations budgétaires sont affirmées dans le décret du 26 juin 2016 (n° 2016-841du 24 juin 2016)

Le DOB s'effectue sur la base du rapport d'orientations budgétaires élaboré par l'autorité territoriale sur les orientations budgétaires :

- les engagements pluriannuels envisagés,
- l'évolution des taux de fiscalité locale,
- la structure et la gestion de la dette.

Le rapport donne lieu à un débat d'orientations budgétaires (DOB) celui-ci est acté par une délibération spécifique qui donne lieu à un vote. Cette délibération est transmise au représentant de l'État.

Le débat a pour objet de préparer l'examen du budget en donnant aux membres de l'organe délibérant, en temps utiles, les informations qui leur permettront d'exercer, de façon effective, leur pouvoir de décision.

L'information doit être complète et détaillée. À cette fin, une note explicative doit être donnée aux membres de l'organe délibérant préalablement à la séance au cours de laquelle se tiendra le débat.

La note doit comporter des éléments d'analyse prospective sur les principaux investissements projetés, le niveau d'endettement et son évolution, l'évolution de la fiscalité locale, etc.

L'obligation de ce débat s'adresse aux communes de plus de 3 500 habitants et les EPCI comprenant une commune de plus de 3 500 habitants.

B. Le DOB pour les communes de plus de 10 000 habitants, les communautés de communes de plus de 10 000 habitants comportant une ville de plus de 3500 habitants, les départements, les régions.

40. Le rapport d'orientations budgétaires doit comporter :

- une présentation de la structure et de l'évolution des dépenses de personnels,
- des rémunérations,
- des avantages en nature,
- des temps de travail.

41. Les orientations budgétaires envisagées par la commune :

- sur les évolutions prévisionnelles,
- des dépenses de fonctionnement,
- des dépenses d'investissement,
- des recettes de fonctionnement,
- des recettes d'investissement,

42. Les hypothèses d'évolution retenues pour construire le projet de budget

- concours financiers,
- la fiscalité pour les usagers,
- tarification des services,
- subventions accordées aux associations,
- évolution des relations financières des EPCI dont elle est membre.

C. La présentation des engagements pluriannuels

43. Orientations envisagées en matière de programmation d'investissement

- prévision des dépenses,
- prévision des recettes,
- Informations relatives à la structure de la dette,
- la gestion de l'encours de dette contractée,
- les perspectives pour le projet de budget,
- des avantages en nature,
- des temps de travail.

44. Les orientations budgétaires envisagées par la commune :

- sur les évolutions prévisionnelles,
- des dépenses de fonctionnement,
- des dépenses d'investissement,
- des recettes de fonctionnement,
- des recettes d'investissement.

45. Les hypothèses d'évolution retenues pour construire le projet de budget

- concours financiers,
- la fiscalité pour les usagers,
- tarification des services,
- subventions accordées aux associations,
- évolution des relations financières des EPCI dont elle est membre.

D. La présentation des engagements pluriannuels

46. Orientations envisagées en matière de programmation d'investissement

- prévision des dépenses,
- prévision des recettes,

- Informations relatives à la structure de la dette,
- la gestion de l'encours de dette contractée,
- les perspectives pour le projet de budget.

47. Évolution prévisionnelle

- du niveau d'épargne brute,
- du niveau d'épargne nette,
- de l'endettement à la fin de l'exercice auquel se rapporte le budget.

Toutes ces informations sont indispensables afin de prévenir tout endettement excessif des collectivités.

L'objectif est de constituer des services publics de qualité dont les coûts puissent être supportés par la population.

48. Le rapport et le débat d'orientations budgétaires comprennent :

- Les orientations budgétaires de l'année auquel le budget s'applique les engagements pluriannuels envisagés,
- l'évolution prévisionnelle et l'exécution des dépenses de personnel, des rémunérations, des avantages en nature et du temps de travail.
- Pour les EPCI à fiscalité propre, les mêmes obligations s'imposent auxquelles d'ajoute la présentation de l'état d'avancement du schéma de mutualisation des services.
- Ce schéma prévoit notamment l'impact prévisionnel de la mutualisation sur les effectifs de l'établissement public de coopération intercommunale à fiscalité propre et des communes concernées et sur leurs dépenses de fonctionnement.

49. L'évolution des dépenses réelles de fonctionnement

La loi de programmation des finances publiques 2018-2022 a introduit une nouveauté pour toutes les collectivités et leurs groupements concernés par un débat d'orientation budgétaire

(DOB). Son article 13 prévoit que chaque collectivité ou EPCI présente ses objectifs concernant l'évolution des dépenses réelles de fonctionnement ainsi que l'évolution de son besoin de financement annuel.

Le champ de cette obligation, qui est d'effet immédiat, porte sur les budgets principaux et les budgets annexes. Elle concerne les communes de plus de 3 500 habitants, les EPCI qui comprennent au moins une commune de plus de 3 500 habitants, les départements et les régions.

L'article 13 précise que les dépenses réelles de fonctionnement sont exprimées en valeur, en comptabilité générale de la section de fonctionnement.

S'agissant du besoin de financement, il se calcule comme les emprunts, minorés des remboursements de dette.

50. Le rapport sur le développement durable

La loi du 12 juillet 2010 portant engagement national pour l'environnement prescrit aux collectivités territoriales et aux EPCI de plus de 50 000 habitants d'élaborer un rapport sur leur situation en matière de développement durable.

Ce rapport est présenté par l'exécutif de la collectivité préalablement aux débats sur le projet de budget. Il prend en compte les cinq finalités du développement durable mentionnées au code de l'environnement. Il contient deux parties :

1) l'une relative au bilan des actions de la gestion du patrimoine, du fonctionnement et des activités internes de la collectivité.

2) l'autre relative au bilan des politiques publiques, des orientations et des programmes mis en œuvre sur son territoire.

Ces bilans comportent, en outre, une analyse des modes d'élaboration, de mise en œuvre et d'évaluation des actions, politiques publiques et programmes menés par la collectivité, analyse qui peut être élaborée à partir du « cadre de référence pour les projets territoriaux de développement durable et agendas 21 locaux ».

51. Le rapport sur l'égalité hommes femmes

Première loi globale en faveur de l'égalité entre les femmes et les hommes, la loi du 4 août 2014 ambitionne d'impulser une nouvelle génération de droits : les droits à l'égalité réelle et concrète.

Portant de nombreuses dispositions relatives à l'égalité professionnelle, à la parité, à la lutte contre la précarité, contre les violences faites aux femmes, contre les atteintes à la dignité, elles cherchent à impliquer la société dans son ensemble.

Cette loi prescrit aux collectivités territoriales et aux EPCI à fiscalité propre de plus de 20 000 habitants de présenter, préalablement aux débats d'orientations budgétaires, un rapport sur la situation en matière d'égalité entre les femmes et les hommes intéressant le fonctionnement de la collectivité, les politiques qu'elle mène sur son territoire et les orientations et programmes de nature à améliorer cette situation.

Le décret du 24 juin 2015 précise le contenu du rapport. Il doit faire état de la politique de ressources humaines de la collectivité en matière d'égalité professionnelle entre les femmes et les hommes.

Il reprend les données du rapport, présenté en comité technique relatif au recrutement, à la formation, au temps de travail, à la promotion professionnelle, aux conditions de travail, à la rémunération et à l'articulation entre vie professionnelle et vie personnelle.

Il comporte également un bilan des actions menées et des ressources mobilisées en matière d'égalité professionnelle entre les femmes et les hommes et décrit les orientations pluriannuelles.

Ce bilan et ces orientations concernent notamment les rémunérations et les parcours professionnels, la promotion de la parité dans le cadre des actions de formation.

La mixité dans les filières et les cadres d'emplois, l'articulation entre vie professionnelle et vie personnelle, la prévention de toutes les violences faites aux agents sur leur lieu de travail et la lutte contre toute forme de harcèlement.

Enfin, il présente les politiques menées par la collectivité sur son territoire en faveur de l'égalité entre les femmes et les hommes, et fixe des orientations pluriannuelles et des programmes de nature à favoriser l'égalité entre les femmes et les hommes.

Il peut comporter également une analyse de la situation économique et sociale en matière d'inégalités entre les femmes et les hommes dans la collectivité, à partir d'un diagnostic fondé sur les interventions relevant de sa compétence et sur les données des bénéficiaires de ses politiques.

52. Le rapport sur les projets d'investissement exceptionnel

Obligatoire pour toute opération exceptionnelle d'investissement dont le montant est supérieur à un seuil fixé par décret en fonction de la catégorie et de la population de la collectivité ou de l'établissement, l'exécutif d'une collectivité territoriale ou d'un groupement de collectivités.

E. loi de programmation 2018-2022 du 23 mars 2018

« I. - Les collectivités territoriales contribuent à l'effort de réduction du déficit public et de maîtrise de la dépense publique, selon des modalités à l'élaboration desquelles elles sont associées ».

II. - À l'occasion du débat sur les orientations budgétaires, chaque collectivité territoriale ou « de collectivités territoriales présente ses objectifs concernant :

1. L'évolution des dépenses réelles de fonctionnement, exprimées en valeur, en comptabilité générale de la section de fonctionnement.

2. L'évolution du besoin de financement annuel calculé comme les emprunts minorés des remboursements de dette. Ces éléments prennent en compte les budgets principaux et l'ensemble des budgets annexes.

III. - L'objectif national d'évolution des dépenses réelles de fonctionnement des collectivités territoriales et de leurs groupements à fiscalité propre correspond à un taux de croissance annuel de 1,2 % appliqué à une base de dépenses réelles de fonctionnement en 2017, en valeur et à périmètre constant.

Pour une base 100 en 2017, cette évolution s'établit selon l'indice suivant :

Collectivités territoriales et groupements à fiscalité propre	2018	2019	2020	2021	2022
Dépenses de fonctionnement	101,2	102,4	103,6	104,9	106,2

IV. - L'objectif national d'évolution du besoin annuel de financement des collectivités territoriales et de leurs groupements à fiscalité propre, s'établit comme suit, en milliards d'euros courants »

(En milliards d'euros)

Collectivités territoriales et groupements à fiscalité propre	2018	2019	2020	2021	2022
Réduction annuelle du besoin de financement	- 2,6	- 2,6	- 2,6	- 2,6	- 2,6
Réduction cumulée du besoin de financement	- 2,6	- 5,2	- 7,8	- 10,4	- 13

Chapitre 4
Le budget primitif

Le budget primitif correspond à un budget prévisionnel pour l'année en cours. Il doit être présenté par l'autorité territoriale et voté par le conseil.

Le budget primitif énonce les moyens financiers qui correspondent aux projets définis lors du débat d'orientations budgétaires (DOB).

Il fixe le montant des impôts locaux qui seront payés par les contribuables. Il autorise juridiquement l'autorité territoriale à percevoir les recettes et à exécuter les dépenses dans les limites des crédits disponibles.

A. Les quatre parties du budget primitif

Première partie.

L'information sur le budget contient des données de nature statistique (population, longueur de la voirie…), fiscale (potentiel fiscal) ou financière (ratios financiers).

Deuxième partie

La présentation générale du budget est constituée d'un tableau qui présente l'équilibre financier, la balance générale ainsi que, pour les budgets votés par fonction (collectivité de plus de 10 000 habitants), une récapitulation par groupes fonctionnels.

L'équilibre financier permet d'analyser la situation financière de la collectivité, notamment de connaître l'équilibre budgétaire et le niveau d'autofinancement.

La balance générale est un document récapitulatif de l'ensemble des chapitres budgétaires ouverts par nature qui distingue les opérations réelles des opérations d'ordre.

Troisième partie.

Les deux sections fonctionnement et investissement permettent d'apporter des précisions quant aux modalités de vote du budget (chapitre, article, articles spécialisés) et au montant des crédits proposés par l'autorité territoriale et votés par le conseil selon la section. Le détail de cette partie diffère selon que le budget est voté par fonction ou par nature.

Quatrième partie.

Des annexes permettent de compléter l'information des élus et des tiers par la production de plusieurs états portant notamment sur des éléments particuliers de nature diverse tels que la présentation croisée par fonction, en cas de vote par nature.

Lorsque le budget est voté par fonction, la présentation croisée par nature ne fait pas partie des annexes, mais est intégrée dans la page relative au vote de chaque chapitre.

L'état de la dette permet d'apprécier l'encours de la dette, l'ensemble des emprunts non remboursés depuis l'origine, l'état des immobilisations, l'état du personnel, la liste des concours aux associations.

B. États annexés au budget

53. Les éléments du bilan.

Ce sont les annexes destinées à donner des informations complémentaires sur certains postes du bilan (état de la dette, des provisions constituées, des charges transférées, des crédits de trésorerie). Charte de bonne conduite entre les établissements bancaires et les collectivités locales signée le 7 décembre 2009.

C. Le cadre budgétaire

Depuis le 1er janvier 2006, élaborer une « maquette » budgétaire unique pour l'ensemble des communes et de leurs établissements soumis à l'instruction M14 constitue la première mesure destinée à simplifier la lecture des données budgétaires.

Exemple de présentation de budget primitif :

1) Au budget primitif, les crédits votés correspondent aux crédits votés lors de cette étape budgétaire.

(2) uniquement en cas de reprise des résultats de l'exercice précédent (3) total (1) + (2)

3) total de la section d'investissement +total de la section de fonctionnement

INVESTISSEMENT		
Dépenses d'investissement		**recettes d'investissement**
Crédit d'investissement voté au présent budget **(1)**	**20 000**	**24 000**
Restes à réaliser (RAR) de l'exercice précédent **(2)**	**3000**	**6000**
Solde d'exécution de la section d'investissement reporté **(2)**	**7000**	
Total de la section d'investissement **(3)**	**30 000**	**30 000**
Total du budget **(4)**	**70 000**	**70 000**

FONCTIONNEMENT		
Recettes de fonctionnement		**Dépenses de fonctionnement**
Crédits de fonctionnement votés au présent budget **(1)**	**40 000**	**35 000**
Restes à réaliser (RAR) de l'exercice précédent **(2)**		**5 000**
Résultats de fonctionnement reportés **(2)**		
Total de la section de fonctionnement **(3)**	**40 000**	**40 000**

Chapitre 5
Le plan comptable

Les lois de décentralisation et le nouveau plan comptable général de 1982 ont permis l'évolution du cadre budgétaire des collectivités locales.

A. La modernisation des instructions M11 et M12 par la M14

Les spécificités communales ont été conservées, notamment les spécificités concernant la nature fiscale de leurs ressources et les prérogatives de leurs représentants élus au suffrage universel.

La diversité du tissu communal est maintenue ainsi que les attentes parfois contradictoires des responsables. La volonté de concertation de tous les acteurs concernés est réaffirmée.

L'instruction ministérielle M14 a permis de corriger certaines insuffisances constatées dans la M11 et M12. Ex : les charges et les produits sont maintenant comptabilisés au titre de l'exercice en cours, ce qui n'était pas le cas précédemment.

Le suivi patrimonial entraine deux objectifs :

- assurer aux élus une lisibilité de la valeur du patrimoine de la collectivité et mesurer l'impact des décisions politiques en matière de cessions,
- mettre en place un autofinancement obligatoire et automatique par le calcul de l'amortissement.

B. Qu'est-ce que le plan comptable ?

La lettre « M » correspond à une « instruction ministérielle d'ordre financier » :

- M 11 = instruction N° 1 pour les communes ;

- M 12 = instruction N° 2 pour les communes ;
- M 14 = instruction N° 4 pour les communes la N° 3 n'est jamais sortie.

À l'instruction ministérielle d'ordre financier des communes, il faut ajouter les instructions concernant les autres collectivités et établissements publics :

- M 2 = instruction pour les hôpitaux et le social ;
- M 3 = instruction organismes H.L.M. ;
- M 4 = instruction pour les S.P.I.C. (dont M 49 pour l'eau) ;
- M 5 = instruction pour les départements ;
- M 6 = instruction pour les services d'incendie ;
- M 7 = instruction pour les régions.

Les recettes et les dépenses sont classées en fonction du plan comptable général (PCG) appelé

- M14 pour les communes,
- M49 pour l'eau potable et l'assainissement,
- M 52 pour le département,
- M 71 pour la région.

54. Le plan comptable subdivise le budget en deux sections

<u>Fonctionnement et investissement</u>
Chaque section est ensuite divisée en :

- classes,
- chapitres,
- articles,
- sous articles,
- sous sous articles.

C. Qu'est-ce que les classes ?

Les recettes et les dépenses sont **classées selon le plan comptable général qui répartit les opérations par grandes catégories en huit classes**.

Le tableau suivant montre les différentes classes comptables avec la double répartition fonctionnement et investissement :

N°	CLASSE	FONCTIONNEMENT
1	CAPITAUX	
2	IMMOBLISATION	
3	STOCKS	
4	TIERS	
5	FINANCIERS	OUI
6	CHARGES	OUI
7	PRODUITS	OUI
8	COMPTES SPÉCIAUX	OUI

Répartition selon collectivité et trésorerie :

Les classes 4 et 5 ne sont utilisées que par le comptable public.

La collectivité utilise les comptes :

1 pour les recettes d'investissement,
2 pour les dépenses d'investissement,
3 pour les stocks notamment de terrains invendus dans un lotissement
6 pour les charges de fonctionnement ou d'exploitation,
7 pour les produits de fonctionnement
8 pour les comptes spéciaux.

Le numéro de chaque classe (qui comprend un seul chiffre) constitue le premier chiffre de tous les comptes de la classe considérée et chaque compte se subdivise ensuite en :

Chapitre = 2 chiffres,
Article = 3 chiffres,
Sous article = 4 chiffres,
Sous sous article = 5 chiffres.

Le classement par chapitre, article… répond à un double objectif :

- technique, car ce classement permet de retrouver facilement une dépense ou une recette, car chaque dépense ou recette est classée ainsi dans la bonne case,
- politique, car les chapitres et articles individualisent clairement les autorisations de dépenses et les prévisions de recette.

Le vote du budget peut se faire par chapitre globalisé, chapitre, article ou article spécialisé.

Il facilite le contrôle de l'assemblée délibérante.

En fonction du niveau de vote du budget (si celui-ci est voté au niveau du chapitre et ne comporte pas d'articles spécialisés), les crédits seront alors appréciés au niveau du chapitre et pourront être utilisés dans la limite du crédit global inscrit au niveau du dit chapitre, sans respecter les plafonds inscrits pour chaque article.

D. Les deux modes de classement

- la nature de la recette ou de la dépense,

La fonction de la recette ou de la dépense.

Les opérations sont classées conformément au plan comptable, en fait selon leur nature économique ou leur définition.

Exemple :

dépense = personnel, assurances, intérêts des emprunts, eau, électricité, frais de transport…

recette = cantine, entrées piscine, location de la salle des fêtes, dotations de l'État…

- Exemple d'affectation de dépenses par nature :

Les assurances du véhicule du service jeunesse, de la tondeuse du service espaces verts, de la multi risque de la collectivité :

au chapitre : 61 services extérieurs,

à l'article : 616 prime assurance.

Comme le montre l'exemple, ce classement n'est pas suffisant pour connaître le coût d'un service.

- Nature

Le classement par nature permet en effet de connaître le montant par article, l'écart avec le prévu, mais pas l'affectation ou la destination des assurances puisqu'elles sont toutes classées à l'article 616.

- Fonction

Les opérations font l'objet d'un double classement, par nature, mais aussi par fonction (au nombre de 10), c'est à dire selon la destination ou l'affectation de la recette ou de la dépense.

Le classement par fonction est obligatoire pour les collectivités de plus de 3 500 habitants. Chaque collectivité peut établir un code fonctionnel plus ou moins détaillé.

Thème de la fonction	**Communes (M14)**	**Départements (M 52)**	**Régions (M71)**
Fonction 0	services généraux des administrations publiques locales	services généraux	services généraux
Fonction 1	sécurité et salubrité publique	sécurité	formation professionnelle et apprentissage
Fonction 2	enseignement - formation	enseignement	enseignement
Fonction 3	Culture	culture, vie sociale, jeunesse, sports et loisirs	culture, sports et loisirs
Fonction 4	sport et jeunesse	prévention médico-sociale	Santé et action sociale
Fonction 5	intervention sociale et santé	action sociale	aménagement des territoires
Fonction 6	Famille	réseaux et infrastructures	(fonction en réserve)
Fonction 7	logement	aménagement et environnement	environnement
Fonction 8	aménagement des services urbains, environnement	transports	transports
Fonction 9	action économique	développement économique	action économique

Le classement se fait toujours par nature au chapitre 61 et à l'article 616, comme dans le classement précédent nature, mais avec en plus un classement par fonction :

- fonction 3 : interventions culture pour le véhicule du service jeunesse,
- fonction 4 : sport et jeunesse pour la tondeuse du service espaces verts,
- fonction 0 : services généraux pour la multi risques de la collectivité.

Exemple d'affectation de dépenses par fonction :

En reprenant l'exemple précédent des assurances, le classement comptable pour une commune sera le suivant :

La collectivité connaîtra ainsi le coût global des assurances (par le 616) et par service (avec la fonction et le 616).

Exemple : 616-4 le coût de l'assurance tondeuse du service espaces verts

Pour avoir une connaissance précise du coût d'un service, il faut aller au moins jusqu'à la sous-sous fonction ou rubrique (3 chiffres) qui est codifiée et donc impossible à modifier.

Mais l'idéal est d'aller encore plus loin jusqu'à 5 chiffres en adaptant la codification à la collectivité puisque la dénomination devient libre à partir du 4e chiffre (exemple : 2110 écoles des petits loups et 2111 écoles des petits lutin).

55. Importance nature fonction

La collectivité connaîtra ainsi le coût global des assurances (par le 616) et par service (avec la fonction et le 616).

- Nature = comptabilité générale

L'assemblée délibérante connaîtra le montant des recettes et des dépenses par nature (les assurances, le personnel, les dotations de l'État...), mais ne connaîtra pas le coût d'un service.

- Fonction = comptabilité analytique

L'assemblée délibérante connaîtra à la fois :

- les dépenses par nature,
- les dépenses par service avec par exemple la fonction enseignement,
- les dépenses des maternelles avec par exemple la sous-fonction maternelle.

La comptabilité analytique permet une connaissance plus fine des coûts des différents services.

Mais, ce n'est pas suffisant et il faut aller, là aussi, encore plus loin.

DÉPENSE	**NATURE**	**FONCTION**
Assurance véhicule du service jeunesse	616	4
Assurance tondeuse du service sport	616	4
Assurance multi risques de la commune	616	0

Il faut donc également y adjoindre de nombreux **tableaux de bord** sur plusieurs années :

- l'énergie par bâtiment en quantité et en montant,
- le suivi de chaque véhicule,
- le suivi de chaque téléphone,
- les produits d'entretien par bâtiment,
- l'évolution de la fiscalité globalement et par taxe,
- l'évolution des dotations de l'État,
- l'évolution de la dette,
- l'évolution de l'auto financement brut et l'auto financement net,
- les charges de personnel.

La comptabilité analytique est un outil de gestion, mais également un outil d'aide à la décision, car une parfaite connaissance de tous les coûts permet de mieux maîtriser le budget et donc d'améliorer la marge de manœuvre ou de limiter la pression fiscale.

En conséquence, même si la comptabilité par fonction n'est pas obligatoire dans les collectivités de moins de 3 500 habitants, il est souhaitable de la mettre en place pour un meilleur contrôle de gestion, en la simplifiant pour les petites collectivités.

Cette notion de nature et fonction se retrouve aussi dans la méthode de vote du budget.

56. Vote du budget par fonction

Les collectivités de plus de 10 000 habitants ont la possibilité de voter leur budget par fonction.

L'assemblée délibérante doit prendre obligatoirement une délibération expresse pour voter le budget par fonction. À défaut de délibération, le budget sera voté par nature.

Le vote du budget a une conséquence sur la présentation de la comptabilité, car pour toutes les collectivités qui ont voté leur budget par fonction doivent faire une présentation croisée par nature.

57. Vote du budget par nature

Le premier chiffre (par exemple 6 sera un compte par nature, en l'occurrence une charge de fonctionnement et le second, si la collectivité est > à 3 500 habitants, la fonction (par exemple 6, en l'occurrence la famille).

6-6 pour ces collectivités signifie donc une charge de fonctionnement pour la famille par fonction : C'est l'inverse le premier chiffre représente la fonction et le second la nature.

Chapitre 6
Le compte administratif

Le compte administratif est le document de synthèse qui présente les résultats d'exécution du budget de l'exercice.

Il compare : les prévisions ou autorisations se rapportant à chaque chapitre et à chaque article du budget ; le total des émissions de titres de recettes ou des émissions de mandats correspondant à la subdivision intéressée du budget.

Il est établi à l'aide de la comptabilité administrative tenue par l'ordonnateur.

Il constitue la balance de cette comptabilité et permet donc d'en assurer le contrôle.

A. Exemple de compte administratif

réalisation de l'exercice (mandat et titre)	Section de fonctionnement Section d'investissement	À 40 000 B10 000	G 45 000 H 6000

Report de l'exercice N-1	Report en section de fonctionnement (002) Report en section d'investissement (001)	C déficit D déficit 4000	I excédent 7000 J excédent

Total réalisation +report	=A+ B+C+D 54 000	=G+H+I+J 58 000

Reste à réaliser à reporter en N+1	Section de fonctionnement Section d'investissement Total des restes à réaliser à reporter en N+1	E F 3000 = E+F 3000	K L 6500 = k + L 6500

résultat cumulé	Section de fonctionnement Section d'investissement Total cumulé	=A+ C+E 40 000 =B+D+F 17 000 =A+ B+C+D+E+57 000 F	=G+I+K 52 000 =H+J+L 12 500 =G+H+I+J+K+L 64 500

B. Que permet de connaître le compte administratif ?

- Le résultat global de clôture, corrigé des restes à réaliser, grâce, en particulier, à la présentation agrégée qui figure ci – dessus,
- l'endettement de la collectivité au moyen de l'état de la dette annexé,
- la pression fiscale au moyen du coefficient de mobilisation du potentiel fiscal,
- la définition du potentiel financier et du potentiel fiscal est essentielle pour apprécier la pression fiscale, à travers le coefficient de mobilisation du potentiel fiscal (CMPF).

Le compte administratif ne permet pas de connaître l'intégralité de la situation financière et patrimoniale d'une collectivité publique locale.

Le compte administratif ne mesure pas des structures financières telles que le besoin en fonds de roulement, la différence entre l'actif circulant et les dettes à court terme, ou comme la trésorerie.

58. Les conditions du vote

Les 1, 2, 3 alinéas de l'article L.1612-12 du CGCT, précisent les règles concernant le vote du compte administratif :

Le comptable public doit produire son compte de gestion au plus tard le 1er juin de la même année.

Le compte administratif est voté au plus tard le 30 juin de l'année suivant la clôture de l'exercice.

Le compte administratif est arrêté si une majorité des voix du conseil s'est dégagée pour son adoption.

59. Le compte financier unique

La loi de finances pour 2019 prévoit d'expérimenter auprès de collectivités territoriales qui le souhaitent, l'utilisation d'un compte financier unique dans le but de remplacer les comptes administratifs et les comptes de gestion, afin de disposer de l'ensemble des données de comptabilité, de trésorerie, de gestion patrimoniale, ainsi que des engagements financiers de la collectivité. Les collectivités volontaires devront adopter le plan comptable M57 des métropoles, un plan M57 simplifié sera à la disposition des petites collectivités. Le compte financier unique confortera la lisibilité et le pilotage en assurant une meilleure vision de la situation patrimoniale.

Chapitre 7
La transparence et responsabilité financière et amélioration de la vie publique

A. La loi ATR du 6 février 1992

La loi consacrée à la transparence et à la responsabilité financière des collectivités territoriales renforce un certain nombre d'obligations de ces dernières.

Renforcement de la publicité et du contrôle des juridictions financières

Les avis de la Chambre Régionale des Comptes (CRC) et les arrêts pris par le préfet sont rendus immédiatement publics. (article L. 1612-19 du CGCT)

La loi ATR du 6 février 1992 et ses décrets d'application du 27 mars 1993 ont imposé à toutes les collectivités d'au moins 3500 habitants + départements, régions et groupements de présenter une annexe consolidée de leurs comptes administratifs et de l'insérer dans une publication locale diffusée sur le territoire.

60. Cette annexe comprend 9 points

1) la publication de 11 ratios synthétiques de la situation financière de la collectivité (voir chapitre 10),
2) la publication de la liste des concours attribués par la collectivité aux associations (prestations en nature ou subventions),
3) la présentation agrégée des résultats afférents au dernier exercice connu du budget principal et des budgets annexes de la collectivité,

4) la liste des organismes dans lesquels la collectivité détient une part en capital ou bénéficie d'une garantie d'emprunt ou versé une subvention supérieure à 76 300 € ou représentant 50 % du budget,
5) un tableau retraçant l'encours des emprunts garantis et l'échéancier de leurs amortissements,
6) les comptes et annexes produits par les délégataires de service public,
7) le tableau des acquisitions et cessions immobilières,
8) une annexe retraçant l'ensemble des engagements financiers de la collectivité ou de l'établissement public résultant des contrats de partenariat,
9) une annexe retraçant la dette liée à la part investissement des contrats de partenariat.

B. La gestion des collectivités locales et de renforcement de la démocratie locale

L'amélioration de la transparence de la vie publique a pour objectif de faciliter la gestion des collectivités locales et de renforcer la démocratie locale :

- le renforcement des pouvoirs et missions des conseils économiques, sociaux et environnementaux régionaux (CESER), instance représentative de la société civile à l'échelle régionale,
- l'inscription obligatoire des droits des groupes d'opposition au sein des règlements intérieurs des conseils départementaux et régionaux,
- l'application dans les communes de plus de 1 000 habitants, contre 3500 habitants aujourd'hui, de certains droits de l'opposition qui ne lui étaient pas encore reconnus, en dépit de l'évolution du mode de scrutin intervenue dans ces communes : tribunes libres dans le bulletin municipal de l'opposition, demande de convocation de l'assemblée délibérante par un tiers de membres du conseil municipal, adoption d'un règlement intérieur,
- l'inscription expresse dans la loi de la possibilité de l'envoi des convocations aux séances du conseil municipal ainsi que des documents qui y sont attachés par la voie dématérialisée,
- l'obligation nouvelle d'affichage à la mairie, dans un délai d'une semaine, du compte-rendu des séances du conseil

municipal et sa publication sur le site internet de la commune s'il existe,

- l'obligation pour les collectivités territoriales de plus de 3 500 habitants de mettre en ligne sur leur site internet les informations publiques lorsqu'elles existent sous format numérique.

La loi ATR a contribué à renforcer la transparence à travers deux dispositions :

- organisation des débats d'orientations budgétaires
- obligation d'une comptabilité d'engagement (afin d'éviter une comptabilité insincère)

Aux quatre étapes de l'élaboration du budget correspondent des documents officiels validés par le préfet.

- Première étape : l'information sur le budget contient des données de nature statistique (population, longueur de la voirie…), fiscale (potentiel fiscal) ou financière (ratios financiers).
- Deuxième étape : la présentation générale du budget est constituée d'un tableau qui présente l'équilibre financier, la balance générale ainsi que, pour les budgets votés par fonction (collectivité de plus de 10 000 habitants), une récapitulation par groupes fonctionnels.
- Troisième étape : Les deux sections fonctionnement et investissement permettent d'apporter des précisions quant aux modalités de vote du budget (chapitre, article, articles spécialisés) et au montant des crédits proposés par l'autorité territoriale et votés par le conseil selon la section. Le détail de cette partie diffère selon que le budget est voté par fonction ou par nature.
- Quatrième étape : des annexes permettent de compléter l'information des élus et des tiers.

Chacun d'eux est en libre accès au public à l'accueil de la collectivité.

C. La stratégie de la communication financière

La communication financière de la collectivité participe à la cohésion financière de la collectivité concernée.

La politique de communication doit s'adapter aux différents publics : prêteurs, citoyens, État.

61. Les objectifs de la communication financière

- aider les élus à se prononcer sur les choix de politique publique et leurs conséquences financières,
- convaincre les acteurs concernés de la pertinence de l'orientation proposée,
- légitimer la gestion locale auprès de la population concernée,
- encourager les entreprises à s'installer sur le territoire de la collectivité,
- dégager des fonds à un coût intéressant.

Chapitre 8
Les décisions modificatives et budget supplémentaire

A. Les décisions modificatives, budgets supplémentaires[12]

Au cours de l'année, la collectivité perçoit de nouvelles recettes, non connues au moment du vote du budget. Ces ajustements s'appellent des décisions modificatives.

Le budget primitif et les décisions modificatives forment le budget total de la collectivité.

Après son vote, un budget est toujours susceptible d'être modifié. Plusieurs raisons et plusieurs techniques conduisent à une modification de l'acte budgétaire.

- Le budget supplémentaire (BS) est un acte d'ajustement et de report.
- Le budget supplémentaire offre la possibilité de corriger en cours d'année les prévisions du budget primitif.

Il permet d'intégrer dans les budgets locaux les résultats de l'année précédente (excédents, déficits…) dégagés par le compte administratif adopté avant le 30 juin, c'est-à-dire après le vote du budget primitif. Lorsque les résultats de l'année N-1 n'ont pas fait l'objet d'une reprise après vote du compte administratif, ou seulement d'une reprise anticipée des résultats, l'adoption d'un BS est obligatoire.

À cet effet, à la différence d'une décision modificative « simple », le BS reprend in extenso la structure du budget primitif (annexes comprises). Lorsqu'une collectivité adopte un

---

[12] Fiches 9 et 10 définition et présentation du budget collectivités locales

BS, elle doit l'adresser au représentant de l'Etat dans son arrondissement au même titre que pour son budget primitif.

B. Le BS est adopté par une délibération de l'assemblée délibérante.

Le BS, comme le BP, doit être voté en équilibre en application de l'article L.1612-4 du CGCT. L'absence d'équilibre qui résulterait de l'intégration des reports peut conduire le préfet à saisir la chambre régionale des comptes en application de l'article L.1612-5 du CGCT –

Les décisions budgétaires modificatives ont la même fonction que le BS concernant l'ajustement des prévisions en cours d'année.

Elles modifient ponctuellement le budget initial. Ce sont des délibérations de l'assemblée délibérante autorisant l'exécutif à effectuer des recettes ou des dépenses complémentaires à celles initialement prévues.

Chaque collectivité décide du nombre de décisions modificatives nécessaires à la réalisation de son budget.

Elles peuvent être adoptées à tout moment après le vote du budget primitif, mais, en tout état de cause, avant le terme de l'exercice auquel elles se rapportent pour ce qui concerne la section d'investissement, avant le 21 janvier de l'année N+1 pour la section de fonctionnement.

Dans ce dernier cas de figure, les délibérations relatives à ces modifications budgétaires doivent être transmises au représentant de l'État au plus tard cinq jours après le délai limite visé ci-dessus, c'est-à-dire avant le 26 janvier de l'exercice suivant (article L.1612-11 du CGCT), sous peine de n'avoir aucun effet juridique.

La reprise anticipée des résultats doit obligatoirement avoir fait l'objet d'une adoption par l'assemblée délibérante.

Chapitre 9
La nomenclature budgétaire en M14

A. La section de fonctionnement et la section d'investissement

Il existe 2 sections, la section de fonctionnement et la section d'investissement.

La section de fonctionnement retrace les opérations de gestion courante :

- en dépenses les opérations qui sont nécessaires à la vie des services et de la commune, les prestations extérieures, les charges de gestion courante, les intérêts des emprunts,
- en recettes : les produits locaux, les recettes fiscales, les dotations de l'État, les participations des autres organismes.

L'excédent des recettes est affecté en priorité au remboursement des emprunts contractés par la collectivité.

Ce surplus est appelé autofinancement qui permettra de financer les futurs investissements.

SECTION DE FONCTIONNEMENT	
dépenses	**recettes**
• Charges à caractère général	•Excédent antérieur reporté
• Charges de personnel	•Produits des services et du domaine
• Autres charges de gestion courantes	•Travaux en régie
• Charges financières	•Impôts et taxes
• Charges exceptionnelles	•Dotations et participations
	•Produits financiers
	•Produits exceptionnels
	•Transferts de charge
023 virement à la section d'investissement	

62. La section d'investissement expose les programmes d'investissement nouveaux ou en cours

Elle énonce les dépenses qui modifient de façon durable la valeur du patrimoine : capitaux empruntés, acquisitions immobilières, travaux nouveaux tels que construction d'une médiathèque.

Pour les recettes d'investissement, il existe les subventions d'investissement, la dotation globale d'investissement, les emprunts, vente de patrimoine. Par définition, l'investissement enrichit ou modifie le patrimoine de la collectivité.

SECTION D'INVESTISSEMENT

Dépenses	recettes
Capital des emprunts Opérations 'investissement : • Travaux • Acquisitions • Constructions	**021 virement de la section de fonctionnement** • FCTVA • Subventions conseil régional, conseil départemental, DGE, emprunts, fonds européens

63. Le cadre comptable utilisé pour les communes est la M14

Dans chaque nomenclature, les dépenses et les recettes sont classés selon leur nature par chapitre et par article.

L'article est une subdivision du chapitre au degré le plus pointu

Le chapitre est composé de 2 chiffres.

Le budget comprend deux sections :

- fonctionnement,
- investissement.

La présentation du budget est normalisée avec :

- les recettes dans la colonne de droite,
- les dépenses dans la colonne de gauche,
- le fonctionnement dans la partie haute,
- l'investissement dans la partie basse.

La section de fonctionnement et d'investissement

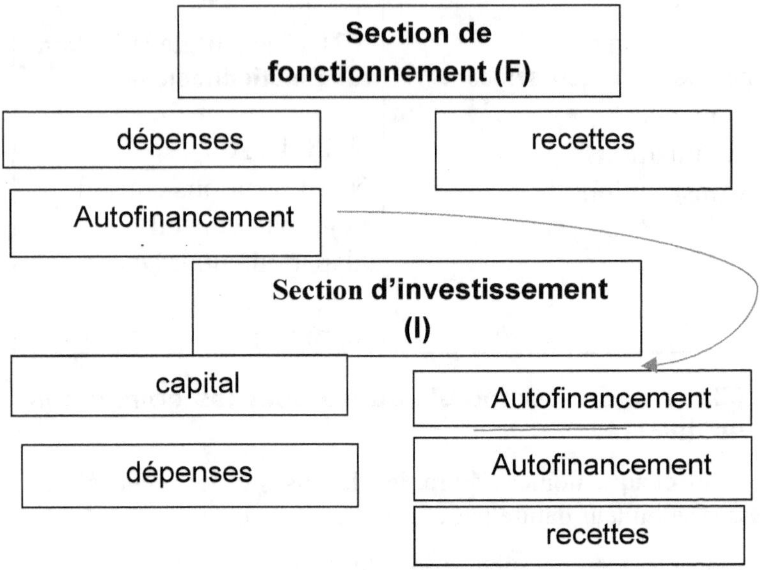

La section de fonctionnement (F) regroupe l'ensemble des dépenses courantes et ordinaires qui doivent être couvertes par des recettes régulières et permanentes.

Dépenses : personnel, alimentation, assurances, consommation d'eau, produits d'entretien, intérêts des emprunts, entretien du patrimoine, indemnité de fonction…

Recettes : fiscalité locale, location de bâtiments, produits des services, dotation globale de fonctionnement de l'État.

La section d'investissement (I) regroupe les opérations exceptionnelles qui contribuent à accroître ou à diminuer la valeur du patrimoine de la collectivité.

Dépenses : remboursement du capital des emprunts, construction d'un nouveau bâtiment, achat d'un photocopieur, gros travaux de voirie, achat d'un terrain, réalisation d'un terrain de sport…

Recettes : vente d'un terrain, réalisation d'un emprunt, subvention de l'État pour la nouvelle mairie ou la piscine, taxes d'urbanisme, récupération de la TVA.

B. Les chapitres globalisés

Les chapitres globalisés sont des regroupements de comptes par nature homogènes entre eux soit en section de fonctionnement soit en section d'investissement.

64. Les opérations réelles sont codifiées 01 et les opérations d'ordre sont codifiées 04.

Pour faciliter la concision du budget et sa lisibilité, les chapitres globalisés sont imposés à la collectivité.

Il existe des chapitres globalisés qui regroupent plusieurs chapitres. Ex : chapitre 11 qui regroupe les chapitres 60, 61, 62 et une partie du chapitre 63.

65. Description des regroupements de chapitres

	fonctionnement	investissement
Chapitres globalisés réels (M14 communes, M52 départements, M71 régions)	011charges à caractère général 012 charges de personnels 013 atténuation de charges (recettes) 014 atténuation de produits (dépenses)	
Chapitres globalisés réels spécifiques M52	015 revenu minimum d'insertion (RMI) 016 allocations personnalisées d'autonomie (APA) 017 revenu de solidarité active (RSA) dépenses et recettes	010 revenu minimum d'insertion (RMI) dépenses et recettes 018 revenu de solidarité active (RSA) dépenses et recettes
Chapitres globalisés réels M14		010 ou 3 (dépenses et recettes)
Chapitres globalisés d'ordre (communs M14, M52, M71)	042 opérations d'ordre de transfert entre sections (dépenses et recettes)	040 opérations d'ordre de transfert entre sections (dépenses et recettes) 041 opérations patrimoniales (=d'ordre à l'intérieur de la section, dépenses=recettes)
Chapitres globalisés d'ordre spécifique M14	043 Opérations d'ordre à l'intérieur de la section (dépenses et recettes)	

66. Regroupement des comptes dans les chapitres globalisés réels de fonctionnement

Libellés chapitres globalisés réels de fonctionnement	**Comptes regroupés dans chapitre globalisé**
011 charges à caractère général	Achats et autres charges externes (60 sauf 6031, 61 et 62 sauf 621) certains impôts et taxes relatifs aux charges de personnel 631 et 633
012 charges de personnel	Compte de charge de personnel 64+621 personnels extérieurs +impôts et taxes relatifs aux charges de personnel 631 et 633
013 atténuation de charges (recettes)	Tous les comptes de rabais, remises et ristournes 609, 619, 629, 65 869 + comptes de remboursement de charges de personnel 6419, 6459, 6479 +comptes de variation de stocks en recettes 6032 et 6037
014 atténuation produits (dépenses)	Reversements de redevances et impôts 701 249, 70 389, 70 619, 7 068 129, 739, 7419, 748 719, 7489, 749
015 Revenu minimum d'insertion (RMI) en M52	Toutes les dépenses de fonctionnement liées au RMI
016 allocation personnalisée d'autonomie (APA) en M52	Toutes les dépenses de fonctionnement engagées pour l'APA
017 revenu de solidarité active (RSA)	Toutes les dépenses et les recettes de fonctionnement liées au RSA

67. Regroupement des comptes dans les chapitres globalisés d'ordre de fonctionnement

Libellés chapitres globalisés d'ordre de fonctionnement
042 opérations d'ordre de transfert entre sections (dépenses)
042 opérations d'ordre de transfert entre sections (recettes)
043 opérations d'ordre à l'intérieur de la section (dépenses=recettes)

68. Regroupement des comptes dans les chapitres globalisés réels d'investissement

Libellés chapitres globalisés réels d'investissement	Comptes regroupés dans chapitre globalisé
010 revenu minimum d'insertion (RMI) (dépenses et) en M52	Toutes les dépenses et recettes d'investissement liées au RMI
018 Revenu de solidarité active (RSA) (dépenses et recettes) en M52	Toutes les dépenses et recettes d'investissement liées au RSA
010 ou 3 (dépenses et recettes)	Recettes et dépenses d'opérations sur stocks (regroupement des comptes 31, 32, 33, 35

69. Regroupement des comptes dans les chapitres globalisés d'ordre d'investissement

Libellés chapitres globalisés d'ordre d'investissement
010 ou 3 stocks (dépenses et recettes)
040 Opérations d'ordre de transfert entre sections (dépenses)
040 Opérations d'ordre de transfert entre sections (recettes)
041 Opérations patrimoniales (= d'ordre à l'intérieur de la section, dépenses=recettes

Chapitre 10
Les ratios budgétaires

Le budget primitif doit comprendre plusieurs ratios budgétaires.

L'analyse des ratios doit se faire : de manière pluriannuelle, car le ratio sur une année n'est pas significatif, c'est son évolution sur les dernières années qui donne la tendance, par comparaison avec les autres communes de situation comparable : population, régime fiscal de l'EPCI…

A. La présentation des 12 ratios budgétaires

1 Épargne
2 Charge de personnel sur dépenses de fonctionnement
3 Capacité de désendettement
4 Taux d'autonomie financière
5 Taux de dépendance financière
6 Coefficient de mobilisation de potentiel fiscal
7 Dépenses réelles de fonctionnement par habitant
8 Recettes réelles de fonctionnement par habitant
9 Dépenses d'équipement par habitant
10 Marge d'autofinancement courant
11 Taux d'endettement
12 Indicateur de vieillissement de la dette

B. Le développement des 12 ratios budgétaires

1 L'épargne
• Épargne de gestion
• Capacité d'autofinancement (CAF) pas inférieure à 20 %
• Épargne nette

2 Charges de personnel sur dépenses de fonctionnement
• En fonction du mode de gestion : régie, prestation de service, DSP ainsi que des compétences transférées à l'EPCI
• Inférieur à 40 %
• Coefficient de rigidité, dépense difficilement compréhensible

3 capacités de désendettement
• Nombre d'années nécessaires au remboursement de la dette, si toute la CAF y était consacrée
• Moyenne entre 5 et 7 ans
• Critique entre 10 et 12 ans

4 Taux d'autonomie financière
• =Produit de la fiscalité directe (TH+FB+FNB) sur les recettes réelles de fonctionnement d'une commune membre d'un EPCI en FPU
• Entre 40 et 60 %

5 Taux de dépendance financière
• = DGF sur recettes réelles de fonctionnement
• Environ 30 %

6 Coefficient de mobilisation du potentiel fiscal
• Mesure le niveau de pression fiscale

7 Dépenses réelles de fonctionnement par habitant
8 Recettes réelles de fonctionnement par habitant
9 Dépenses d'équipement par habitant
• Mesure l'effort d'investissement de la collectivité
10 Marges d'autofinancement courant
• Dépenses réelles de fonctionnement – remboursement du capital sur recettes réelles de fonctionnement
• Détermine la capacité de la commune à financer l'investissement une fois les dépenses obligatoires prises en compte
• Plus le ratio est faible, mieux la commune se porte. Ce ratio doit être inférieur à 100 %

11 taux d'endettement
• = capital + intérêts recettes réelles de fonctionnement
• Met en parallèle le poids de la dette (indicateur de risque) avec les recettes de la commune (indicateur de ressources)

12 indicateur de vieillissement de la dette
• = amortissement de la dette sur l'encours
• indique la vitesse avec la collectivité amortit sa dette. Plus le ratio est élevé plus la dette est courte

Chapitre 11
Le rôle de l'ordonnateur

A. La tenue de la comptabilité de l'ordonnateur

70. La comptabilité des dépenses engagées

Depuis la loi du 6 février 1992 (art 51), l'ordonnateur a l'obligation de tenir une comptabilité des dépenses engagées.

- Le cadre juridique

Cette obligation concerne non seulement les collectivités territoriales, mais aussi les administrations publiques locales (APUL) et les services publics locaux à caractère industriel et commercial (SPIC).

Les instructions budgétaires et comptables M14, M52 et M71 (tome 2, Titre 4, chapitre 1, comptabilité de l'ordonnateur), et M57 pour les métropoles, réservent des développements à la comptabilité des dépenses engagées.

La comptabilité des dépenses engagées est organisée afin de :

- suivre en permanence, la disponibilité des crédits budgétaires ;
- rendre compte de l'exécution budgétaire.

Elle porte sur les dépenses.

Il n'existe pas d'obligation similaire afin de suivre l'exécution des recettes publiques.

Elle est tenue au niveau de vote des crédits budgétaires.

Le contrôle budgétaire :

- Les autorités chargées du contrôle budgétaire peuvent demander la production d'états de dépenses arrêtées en cours d'exercice.
- Le contrôle budgétaire à postériori est exercé par le préfet en lien avec les chambres régionales des comptes parallèlement au contrôle de légalité exercé.

Ce contrôle assuré par le préfet porte sur 4 points :

- la date d'adoption et de transmission du budget,
- l'équilibre réel du budget,
- la date de vote, l'équilibre et le rejet éventuel du compte administratif,
- le mandatement d'office des dépenses obligatoires.

Sont concernés : les communes, les départements, les régions, les établissements publics locaux, les établissements publics de coopération intercommunale.

B. Les différents types d'engagements

L'engagement se décompose :

- en un engagement comptable qui représente la réservation des crédits à la dépense. L'engagement peut être ponctuel ou provisionnel. L'engagement peut être anticipé.
- un engagement juridique qui emporte obligation de payer : il correspond à la définition donnée à l'article, le décret n° 2012-1246 du 7 novembre 2012, les dispositions du 29 décembre 1962. Il se traduit par une délibération du conseil et/ou un acte de l'ordonnateur (marché, convention, bon de commande).

La comptabilité d'engagement est servie dès qu'un engagement juridique est constaté : on parle d'engagement spécifique. Toutefois, cette règle générale connaît des exceptions regroupées sous la notion d'engagement global, par exemple les dépenses de personnel ou des subventions versées :

- L'engagement comptable précède l'engagement juridique ou lui est concomitant.
- L'autorisation de programme ou d'engagement représente le montant maximum des crédits pouvant être engagés au titre des dépenses considérées.
- Pour le mandatement de ces dépenses, la consommation des crédits se réfère en revanche aux crédits de paiement ouverts pour l'exercice.

71. Tenue de la comptabilité des dépenses engagées

L'engagement est constaté au niveau de l'article. Le suivi et le contrôle de la consommation des crédits s'effectuent au niveau de vote retenu par l'organe délibérant : chapitre ou article.

72. Le déroulement des opérations d'engagement comprend huit étapes

- 1 l'inscription des crédits d'engagement,
- 2 l'engagement,
- 3 la constatation du service fait,
- 4 le mandatement,
- 5 l'arrêt des inscriptions,
- 6 le rattachement des charges,
- 7 l'état des restes à réaliser,
- 8 la production de l'état des dépenses engagées non mandatées au cours de l'exercice.

73. Modèles des instructions budgétaires et comptables

Pour la tenue de la comptabilité des dépenses engagées, on peut se référer aux modèles donnés par l'instruction M14 relative à la comptabilité des communes, par l'instruction M4 sur la comptabilité des SPIC ou par les instructions M52 et M71 sur la comptabilité des départements et des régions.

C. Les caractéristiques de la comptabilité administrative

La comptabilité administrative de l'ordonnateur est une comptabilité en partie simple qui utilise les seules classes 1, 2, 6, 7 et 8. Dans la comptabilité de l'ordonnateur, l'émission d'un titre ou d'un mandat donne lieu à une seule écriture au compte budgétaire intéressé.

74. La comptabilité des recettes

La procédure est commune aux instructions, M14, M52 et M71.

La comptabilité doit permettre de connaître à tout moment, au niveau de vote retenu par l'organe délibérant, le montant des émissions réalisées ; elle doit également permettre de connaître le détail par articles budgétaires des émissions réalisées.

D. Les ordonnateurs et les comptables publics

75. Les missions des ordonnateurs

La comptabilité publique étant basée sur le principe de la séparation des fonctions entre l'ordonnateur et le comptable,

- il y a une comptabilité du maire (ou autre autorité territoriale), dite comptabilité administrative, et une comptabilité du comptable de la commune.
- L'article 51 de la loi n° 92-125 du 6 février 1992 relative à l'administration territoriale de la République réaffirme l'obligation confiée au maire de tenir une comptabilité de l'engagement des dépenses.
- L'arrêté du 26 avril 1996 relatif à la comptabilité de l'engagement de la dépense des communes, des départements, des régions et de leurs établissements publics apporte des précisions en la matière. La comptabilité de l'ordonnateur débute par la constatation de l'engagement de

la dépense ; elle se poursuit par l'inscription des émissions de titres et de mandats ; elle s'achève par la confection d'états spéciaux en fin d'exercice.

La comptabilité de l'ordonnateur doit permettre de connaître en permanence :

- les crédits ouverts en dépenses et les prévisions de recettes,
- les crédits disponibles pour engagement,
- les crédits disponibles pour mandatement,
- les dépenses réalisées et les recettes réalisées.

Elle doit permettre également, en fin d'exercice, d'établir dans toutes ses parties le compte administratif.

Par les renseignements qu'elle fournit à l'ordonnateur, la comptabilité administrative aide ce dernier à établir les budgets à venir.

76. Les différentes phases de la dépense

1. l'engagement, défini comme l'acte par lequel un organisme public crée ou constate à son encontre une obligation de laquelle résultera une charge : (ordonnateur)

2. la liquidation, qui a pour objet de vérifier la réalité de la dette et d'arrêter le montant de la dépense : (ordonnateur)

3. le mandatement par lequel l'ordonnateur donne l'ordre de payer la dépense : (ordonnateur)

4. le paiement qui est l'acte par lequel l'organisme public se libère de sa dette : (comptable public).

E. Le principe de l'ordonnateur et du comptable

Conformément au principe de séparation de l'ordonnateur et du comptable posé par le décret du 29 décembre 1962, les trois premières phases relèvent de l'ordonnateur, la quatrième ainsi que l'exécution des recettes relèvent du comptable public. Toute créance d'une collectivité ou d'un établissement public local fait l'objet d'un titre qui matérialise ses droits. Ce document peut présenter des formes différentes : un jugement exécutoire, un contrat authentique.

Le plus souvent il s'agit d'un acte pris, émis et rendu exécutoire par l'ordonnateur et qui forme titre au profit de la commune quelle qu'en soit la dénomination : arrêtés, baux, contrats, états de recouvrement, déclarations, rôles, etc. Ces titres de recettes sont rendus exécutoires dès leur émission,

F. L'émission et l'encaissement des recettes

Elles comportent trois phases :

1. la liquidation, qui a pour objet de déterminer le montant de la dette des redevables ;
2. l'émission du titre de recettes ;
3. l'encaissement.

Tout comme pour les dépenses, les deux premières phases relatives aux recettes incombent à l'ordonnateur, la troisième au comptable.

L'ordonnateur d'une collectivité territoriale ou d'un établissement public local est tenu d'émettre l'état nécessaire au recouvrement des créances de l'espèce dans le délai de deux mois à compter de la date de notification de la décision de justice.

Faute de dresser l'état dans ce délai, le représentant de l'État adresse à la collectivité territoriale ou à l'établissement public local une mise en demeure d'y procéder dans le délai d'un mois ; à défaut, il émet d'office l'état nécessaire au recouvrement de la créance.

G. Les opérations d'ordre

Les opérations d'ordre budgétaire exécutées à l'initiative de l'ordonnateur et qui ne se traduisent ni par des encaissements ni par des décaissements ont néanmoins une incidence sur le budget. Elles affectent un compte de dépenses et un compte de recettes et donnent lieu à l'émission d'un mandat et d'un titre.

Certaines des opérations d'ordre de fin d'exercice sont semi - budgétaires (ou mixtes).

Elles se traduisent par une recette et un débit ou par une dépense et un crédit. La partie du résultat affectée au financement de la section d'investissement qui donne lieu à l'émission d'un titre de recettes enregistré au compte 1068 et à un débit du compte 12 ou 110. Les charges nettes sur cessions de valeurs immobilisées de placement qui donnent lieu à émission d'un mandat au compte 667 et à un crédit au compte 506.

Les opérations d'ordre non budgétaire n'ont pas d'incidence sur la trésorerie et elles ne donnent pas lieu à émission de titres et de mandats. Elles sont constatées dans les seules écritures du comptable, mais elles peuvent dans certains cas être initiées par l'ordonnateur.

Elles correspondent à des mouvements entre les comptes de la section d'investissement, sans relation avec des tiers, et qui nécessitent d'ajuster des postes de bilan.

Elles concernent :

- le transfert des travaux terminés aux comptes d'immobilisations,
- le virement pour solde des amortissements, en cas de cession de valeurs immobilisées,
- le virement pour solde des frais d'établissement et des frais de recherche et de développement,
- le virement pour solde des subventions d'équipement et des subventions d'investissement transférées au compte de résultat,
- de l'affectation du résultat de fonctionnement, à l'exception de l'affectation au financement de la section d'investissement.

H. Le rattachement des charges et des produits à l'exercice

- Le rattachement des charges et des produits à l'exercice est effectué en application du principe d'indépendance des exercices. Il fait apparaître dans le résultat d'un exercice donné les charges et les produits qui s'y rapportent.
- La procédure de rattachement consiste à intégrer dans le résultat annuel toutes les charges correspondant à des services faits et tous les produits correspondant à des droits acquis au cours de l'exercice considéré.
- Le rattachement n'intéresse que la section de fonctionnement afin de dégager le résultat comptable de l'exercice. Le rattachement ne concerne pas la section d'investissement qui peut faire apparaître des restes à réaliser, correspondant aux dépenses d'investissement engagées non mandatées et aux recettes d'investissement certaines à réaliser.
- La procédure de rattachement des charges et des produits n'est obligatoirement applicable qu'aux communes de 3 500 habitants et plus, à leur centre communal d'action sociale, à leur caisse des écoles et aux établissements publics de coopération intercommunale dont la population totale est égale ou supérieure à 3 500 habitants.

Chapitre 12
Le rôle du comptable public

A. Les missions des comptables

S'assurer que le vote du budget est respecté.

Établir la situation patrimoniale de la collectivité.

Les fonctions du comptable public sont exercées par un comptable direct du Trésor ayant la qualité de comptable principal.

Le comptable de la collectivité est chargé seul et sous sa responsabilité d'exécuter les recettes et les dépenses, de poursuivre la rentrée de tous les revenus de la commune et de toutes les sommes qui lui sont dues, ainsi que d'acquitter les dépenses ordonnancées par le maire jusqu'à concurrence des crédits régulièrement accordés.

77. La tenue de la comptabilité du payeur

Les comptables publics sont seuls chargés :

1) de la prise en charge et du recouvrement des ordres de recettes qui leur sont remis par les ordonnateurs, des créances constatées par un contrat, un titre de propriété ou autre titre dont ils assurent la conservation ainsi que de l'encaissement des droits au comptant et des recettes de toute nature que les organismes publics sont habilités à recevoir ;
2) du paiement des dépenses soit sur ordres émanant des ordonnateurs accrédités, soit au vu des titres présentés par les créanciers, soit de leur propre initiative, ainsi que de la suite à donner aux oppositions et autres significations ;

3) de la garde et de la conservation des fonds et valeurs appartenant ou confiés aux organismes publics ;
4) du maniement des fonds et des mouvements des comptes de disponibilités ;
5) de la conservation des pièces justificatives des opérations et des documents de comptabilité ;
6) de la tenue de la comptabilité du poste comptable qu'ils dirigent.

B. La comptabilité générale de la collectivité

78. L'organisation de la comptabilité générale de la collectivité

Le receveur municipal en tant que comptable public, est amené à faire, sous sa responsabilité personnelle et pécuniaire des contrôles précisés par les articles 12 et 13 du décret n° 62-1587 du 29 décembre 1962 avant de prendre en charge les titres et les mandats émis par le maire.

Le receveur municipal doit rendre ses comptes au juge des comptes sous la forme d'un compte de gestion.

Sa comptabilité comporte deux volets :

- le premier, intitulé « comptabilité budgétaire », permet au conseil municipal et au juge des comptes de s'assurer du respect des autorisations budgétaires. C'est la mission juridictionnelle des chambres régionales des comptes (CRC) qui jugent, dans leur ressort, l'ensemble des comptes des comptables publics des collectivités et de leurs établissements publics.

- le second, intitulé « comptabilité générale », permet de retracer la situation patrimoniale de la commune.

C. Les opérations budgétaires et comptables de prise en charge des titres de recettes et mandats de dépense

79. Le rôle du comptable

Les comptables publics sont seuls chargés « de la prise en charge et du recouvrement des ordres de recettes qui leur sont remis par les ordonnateurs, des créances constatées par un contrat, un titre de propriété ou un autre titre dont ils assurent la conservation ainsi que de l'encaissement des droits au comptant et des recettes de toute nature que les organismes publics sont habilités à recevoir »

À la réception des titres et des bordereaux correspondants, le comptable effectue les contrôles auxquels il est tenu sous peine d'engager sa responsabilité personnelle et pécuniaire

Cette prise en charge des titres de recettes qui permet de faire apparaître les créances de la collectivité donne lieu à une écriture en partie double.

Ainsi est inscrit :

- au crédit du compte budgétaire correspondant à la nature de la recette, le montant du produit mis en recouvrement ;
- et au débit du compte de tiers identifiant la catégorie de débiteurs, le montant de la créance de la collectivité.

Postérieurement à la prise en charge des titres de recettes, le receveur (comptable public) doit mettre en œuvre les moyens nécessaires pour parvenir à leur recouvrement dans les meilleurs délais.

À défaut de recouvrement amiable, il procède au recouvrement contentieux en mettant en œuvre notamment des voies d'exécution en application du nouveau code de procédure civile.

Les états des restes à recouvrer sur les recettes de l'exercice courant (exercice N) sont arrêtés à la date du 30 juin de l'exercice suivant (exercice N+1).

Les états des restes à recouvrer sur les recettes des exercices antérieurs à l'exercice N sont arrêtés au 31 décembre de l'exercice N.

Ces états, accompagnés des justifications de retard et des demandes d'admission en non-valeur formulées par le comptable, sont soumis à l'assemblée délibérante qui statue.

La procédure de paiement sans mandatement préalable est mise en œuvre à l'initiative du comptable qui exerce auparavant les contrôles qui lui incombent et notamment celui de l'existence des fonds disponibles.

80. L'engagement comptable est préalable à l'engagement juridique.

Aucune dépense ne peut être acquittée si elle n'a été préalablement liquidée et mandatée par l'ordonnateur. La liquidation faite, soit sur demande du créancier, soit d'office, au vu des documents détenus par l'ordonnateur, a pour objet de vérifier la réalité de la dette et d'arrêter le montant de la dépense.

Certaines catégories de dépenses à caractère répétitif, limitativement énumérées par les textes en vigueur dans le secteur public local, peuvent faire l'objet, à la demande de l'ordonnateur, d'un paiement sans mandatement préalable.

Il s'agit des dépenses d'électricité, de téléphone, des quittances d'eau et des redevances de machines à affranchir le courrier, et enfin des remboursements d'emprunt.

Partie 3
L'analyse et stratégie financière

L'analyse et stratégie financière notamment « identifier les marges de manœuvre des collectivités » est particulièrement développée, il nous semble en effet très important que le maximum d'élus et d'agents des collectivités soient informés des processus de négociations des emprunts auprès des banques.

Chapitre 1
Élaborer une stratégie financière et fiscale en cohérence avec les orientations politiques

A. L'élaboration d'une stratégie financière et fiscale[13]

81. Les objectifs principaux de l'analyse financière

Apprécier la capacité d'une collectivité à faire face à ces engagements financiers.

- Évaluer la capacité d'une collectivité à répondre aux circonstances internes et externes qui pourrait bousculer les équilibres entre dépenses et ressources.

82. Les objectifs essentiels

- Optimiser le résultat financier en fonction des choix politiques.
- Préparer en amont des décisions, les dossiers afin de mettre en relief les conséquences financières des projets et leurs effets sur les rapports avec les partenaires extérieurs.

B. La préparation des scenarii de financement de politiques publiques

83. La taxe sur le foncier bâti

- L'évolution de la situation des bases brutes de foncier bâti (habitat et économique)

---

[13]KOPFER Michel, BACHARAN Céline, ESCALIER Christian, GROUD Vivien, VINCENOT Grégoire, Gestion financière des collectivités territoriales, 8eme édition, Mayenne : Le moniteur, octobre 2018. 550 p

- L'évolution des sorties d'exonérations (logement social)
- L'évolution du coefficient de revalorisation des bases d'imposition

84. La contribution financière des entreprises (CFE)

La micro-économie

- L'analyse rétrospective permet de reconstituer les facteurs significatifs :
- Les bilans des entreprises
- Les services fiscaux
- Par les contribuables

La macro-économie
Cette analyse est menée par les départements et les régions.
Les indicateurs utilisés sont :

- Le produit intérieur brut marchand
- Les indicateurs sur la politique d'investissement des entreprises

C. La marge de manœuvre fiscale

Les ressources propres comprennent :

- Les impositions dont les collectivités peuvent moduler le taux ou l'assiette,
- Les impositions dont la loi détermine par collectivité une part locale de l'assiette,
- Les redevances, les produits du domaine, participation d'urbanisme, produits financiers, dons et legs,
- Une dotation voit son niveau fixé par la loi de finances,
- Une ressource propre voit son niveau fixé par le marché :
- La taxe d'habitation ??
- La taxe sur le foncier non bâti,
- La contribution financière des entreprises.

D. Les enjeux du choix des investissements

- La décision d'investir est la plus capitale que peut prendre un responsable politique.[14]
- Un grand nombre de difficultés financières ont été engendrées par une politique d'investissement mal maîtrisée.
- La difficulté de cette décision est liée au facteur temps qui nécessite un engagement sur le long terme.

Elle nécessite également :

- Des compétences sociologiques pour concevoir un investissement non productif.
- Des compétences techniques pour préparer un projet.
- Des compétences économiques et financières pour calculer le coût de ce projet.

E. Un investissement doit correspondre à un besoin économique

- Un projet d'investissement doit répondre à une finalité économique d'intérêt public.
- Le projet doit être correctement dimensionné par rapport aux besoins sous peine de générer des coûts de fonctionnement excessifs.
- Le surdimensionnement entrainerait un coût financier supplémentaire lié à la surcapacité.
- Le sous-dimensionnement ne permettra pas d'atteindre le résultat escompté.
- Rechercher les projets concurrents dans un périmètre proche qui pourraient ruiner l'efficacité du projet.

[14], KOPFER Michel, BACHARAN Céline, ESCALIER Christian, GROUD Vivien, VINCENOT Grégoire, Gestion financière des collectivités territoriales, 8eme édition, Mayenne : Le moniteur, octobre 2018. 550 p

Les analyses d'investissement menées par les collectivités :

- Manière directe : étude d'un investissement auquel elle serait amenée à opérer
- Manière indirecte : pour apprécier le taux de rendement interne d'investissement d'un candidat délégataire

85. Les différentes catégories d'investissement

- l'investissement de renouvellement,
- l'investissement de productivité,
- l'investissement de capacité,
- l'investissement de diversification,
- les investissements non productifs présentant différentes finalités,
- sociales, réglementaires, prestige,
- les finalités de l'investissement peuvent être affaiblies par le risque et la rentabilité,
- les investissements non productifs ne génèrent que peu de recettes, voire pas du tout,
- la rentabilité sociétale peut être quantifiée en équivalence financière.

86. Le chiffrage des investissements

- L'investissement est une opération qui augmente le patrimoine de la collectivité,
- on distingue les éléments non récurrents et les éléments récurrents,
- les éléments non récurrents :
- les éléments corporels : terrains, bâtiments, mobiliers, véhicules,
- les éléments incorporels : frais d'actes, coût d'actes,
- le besoin en fonds de roulement (BFR),
- les coûts de démarrage : frais d'embauche, de formation, de déménagement, mise en place d'un contrôle qualité (dépenses de fonctionnement engagées une seule fois),

- positionnement des charges sur un calendrier plausible.

87. Les éléments récurrents

- L'existence de l'investissement génère de nouvelles dépenses : frais de personnels, frais généraux, assurances, frais de transport,
- les charges sont économisées grâce au nouvel investissement : énergie, informatique, etc.
- Les nouvelles recettes obtenues auprès de clients ou usagers, subventions annuelles reçues, fonds de compensation de la taxe sur la valeur ajoutée (FCTVA).

Chapitre 2
L'organisation de la fonction financière

A. Appréhender les flux financiers

88. L'analyse des flux financiers se fait à deux niveaux

- Au niveau des flux de trésorerie dont découle le besoin de financement.
    - Connaissance des flux de trésorerie en intégrant le décalage entre la comptabilité de l'ordonnateur et celle du comptable,
    - flux de recettes et de dépenses générés par les décisions de l'assemblée délibérante et la mise en œuvre par les services (planification des opérations)
    - une opération de désendettement équivaut à une opération de placement.
- Au niveau de l'exécution budgétaire, 3 finalités :

89. Optimiser le résultat financier

- Le coût financier du passif :
    - o les frais financiers représentent un appauvrissement du patrimoine de la collectivité,
    - o les frais financiers sont le produit de trois termes :
        - un taux d'intérêt,
        - un encours emprunté,
        - une durée d'utilisation

90. Mettre en évidence les incidences financières des projets

Les décisions politiques permettant d'accroître les ressources de la collectivité sans supporter le coût politique d'une élévation des taux d'imposition sont considérées comme une optimisation du résultat financier :

- augmentation des bases d'imposition (contrôle des contribuables existants ou nouveaux contribuables,
- obtention de nouvelles dotations d'État (stratégie intercommunale liée à l'intégration fiscale, à la mutualisation ou à la création d'une commune nouvelle),
- ressources procurées par la gestion du patrimoine,
- optimisation fiscale : récupération de TVA sur un montage de financement de projets, réorganisation des flux financiers et fiscaux avec un délégataire de service public ou un contrat de partenariat.

91. Dimensionner les dépenses aux recettes définitives

Les choix de politique publique doivent se faire en amont en dégageant le bilan pluri annuel des opérations projetées à la fois sur l'investissement et le fonctionnement ainsi que l'impact sur les services de l'État, les banques, la population.

La gestion financière bien menée représente une source de compétitivité dans un contexte de renforcement des contraintes externes.

B. L'exécution budgétaire

92. L'approche de la fin de l'année

- prévoir les conditions de l'équilibre des comptes en prévision du futur compte administratif,
- contribuer à l'élaboration d'une prospective pluriannuelle qui permette d'appréhender les possibilités de l'équilibre futur,
- poser les bases d'une optimisation :
    - en rationalisant des choix budgétaires,

- par le contrôle de gestion,
- en prenant en compte les concepts de mutualisation avec les collectivités voisines (interdépendance).

Chapitre 3
Les enjeux financiers et fiscaux de l'intercommunalité

A. La stratégie financière de la ressource du bloc communal

93. Il existe 3 formes d'intercommunalité, c'est la fiscalité qui les distingue.

1) les syndicats n'ont pas de pouvoir fiscal sur les 4 taxes,
2) les organes à fiscalité additionnelle votent les taux harmonisés sur leur territoire qui viennent s'ajouter aux taux différenciés votés par chacune de leurs communes,
3) les organes à fiscalité professionnelle unique (FPU) pratiquent une spécialisation de l'impôt sur leur territoire.

94. La fiscalité additionnelle des syndicats

Les services fiscaux répartissent le produit de l'ancienne contribution proportionnellement au produit fiscal généré par les 4 taxes sur le territoire de chacune des communes.

La fiscalité propre additionnelle concerne 2 catégories

- 822 communautés de communes à fiscalité additionnelle et les deux communautés urbaines qui n'ont pas opté pour la FPU
- L'impôt économique de zone est pour un groupement à fiscalité additionnelle, un moyen de combiner 2 objectifs :
    - pratiquer une solidarité renforcée en impliquant la compétence économique,
    - prendre en compte le facteur d'inertie qui s'oppose souvent à l'harmonisation de taux d'imposition trop disparates.

B. Les Incidences fiscales des choix intercommunaux

Le taux de cotisation foncière des entreprises (CFE) cible fixé ne peut être supérieur au taux moyen pondéré de la CFE sur le territoire.

95. Fiscalité professionnelle unique (FPU)

Mode de calcul du taux de cotisation foncière des entreprises (CFE) :

- le régime fiscal de FPU, l'impôt économique devient entièrement intercommunal,
- pour fixer le taux de FPU, la communauté doit prendre comme référence, le taux moyen pondéré (TMP) de la dernière année de l'ancien système.

96. Incidence sur les taux de CFE applicables aux contribuables

Cotisation minimum à la CFE :

- modification ultérieure du périmètre,
- adhésion d'une commune,
- retrait d'une commune,
- fusion de communauté,
- impacts fiscaux et la commune nouvelle.

97. Les groupements à faibles bases fiscales

Les groupements à faibles bases fiscales bénéficient pour leur première année d'un « bonus » de la dotation globale de fonctionnement (DGF) avant que leur coefficient d'intégration fiscale (CIF) propre n'intervienne.

Pour la deuxième année, la garantie à 100 % leur permet de contrecarrer l'effet négatif du CIF, pour les prochaines années, leur principal souci est d'accroitre le jeu des mécanismes de garantie, contre une baisse prévisible de leur dotation spontanée.

98. Les groupements riches

Les groupements riches partent d'une DGF faible et la montée de leurs dotations est quasi certaine à compter de la deuxième année. La progression de l'intégration fiscale des groupements riches n'est pas aussi urgent.

99. Trois seuils importants doivent être examinés pour les communautés d'agglomération et de communes

1) Le seuil de potentiel fiscal

Au-dessous de 50 % du potentiel fiscal moyen, la DGF ne peut pas baisser.

L'extension du périmètre à une seule commune peut passer pour certains groupements au-dessous du seuil.

2) Le seuil de garantie

Au-dessus du seuil de garantie, la communauté n'est plus protégée par la garantie, cet indicateur doit être suivi attentivement.

3) Le seuil de coefficient d'intégration fiscale (CIF)

Au-dessus d'un niveau du CIF de 50 % pour les communes, à 60 % pour les communautés à fiscalité additionnelle.

La communauté à FPU bénéficie d'une garantie qui ne peut être mise en cause.

Hors effet des garanties, la DGF est directement proportionnelle au CIF.

C. Impacts budgétaires pour les communes

La DGF des communes n'a pas été affectée par l'intercommunalité, notamment celle qui se constituait sur le territoire concerné, l'obtention d'une deuxième part au titre de l'intercommunalité « forte » ne prive pas la première part.

La fiscalité communale comporte les impôts et redevances de même nature lorsqu'ils sont levés par des communes ou des syndicats.

Les communes et leur groupement constituent autant de personnes morales juridiquement indépendantes, sont financièrement interdépendants, non seulement en terme fiscalité, mais pour l'ensemble de leurs politiques publiques.

100. Liaison d'interdépendance

- La liaison d'interdépendance porte sur les ressources de fonctionnement des communes alimentées par une dotation de solidarité communautaire (DSC) votée par le conseil communautaire,
- sur la DGF du groupement qui dépend très largement de l'imbrication des décisions financières et fiscales des communes concernées + leur groupement (personnes morales),
- sur la répartition des charges et sur la qualité comparée du service public, entre différentes structures qui se partagent une compétence dont l'intérêt est pour partie communautaire pour partie communale ou même entre les deux (intérêt commun),
- sur la coordination des investissements, qu'il s'agisse de leur mise en œuvre, de leur localisation, sur le territoire de leur exploitation voire de leur programmation.

101. Affectation de la DGF communale

La DGF communale n'est pas affectée par l'appartenance ou la non-appartenance à un groupement grâce au positionnement davantage mutualisé de leur richesse fiscale.

L'équilibre financier entre communauté et communes s'écrit comme suit :

- DGF intercommunale + économies d'échelle- surcoûts de l'exercice des compétences > à 0

Lorsqu'une compétence est transférée à la communauté, les personnels affectés à cette compétence le sont également.

Chapitre 4
Identifier les marges de manœuvre de la collectivité[15]

A. Alternative au débat entre fiscalité et endettement

Problématique emprunt fiscalité :

- Allongement de l'encours
- Choix du scénario cible

102. Les emprunts

- Les emprunts sont exclusivement réservés au financement des investissements sans obligation d'affectation précise.
- L'emprunt ne doit pas servir à combler un déficit de la section de fonctionnement ou une insuffisance de ressources propres pour assurer l'amortissement de la dette.

103. Le service de la dette

Les crédits nécessaires au remboursement des annuités de l'emprunt sont imputés :

- pour les frais financiers en dépenses de la section de fonctionnement,
- pour le remboursement du capital, en dépenses de la section d'investissement.

[15] KOPFER Michel, BACHARAN Céline, ESCALIER Christian, GROUD Vivien, VINCENOT Grégoire, Gestion financière des collectivités territoriales, 8eme édition, Mayenne : Le moniteur, octobre 2018. 550 p

104. Les dépenses obligatoires

- le service de la dette est une dépense obligatoire la dette est certaine dans son origine juridique et les conditions de l'obligation sont effectivement remplies,
- la dette est liquide (montant exactement calculé),
  - la dette est incontestable dans son principe et son montant : capital et frais financiers, en matière de service de la dette, les dépenses obligatoires sont limitées à la seule de « dette exigible » trois conditions doivent être réunies :
  - La dette est certaine dans son origine juridique et les conditions de l'obligation sont effectivement remplies :
    - la dette est liquide (montant exactement calculé),
    - la dette est incontestable dans son principe et son montant,
    - la dette est certaine dans son origine juridique.

B. La gestion de la dette

105. Taux d'intérêt et mode d'amortissement

Toute proposition faite par un établissement de crédit s'appuie sur un mode de refinancement donné,

- il faut distinguer le compartiment interbancaire dont sont issus les taux tels que EONIA, TMM, TAM, EURIBOR, du compartiment obligataire qui a ses propres références + utilisé est le TEC 10.

106. Indices monétaires ou interbancaires

- EONIA est le taux au jour le jour du marché interbancaire,
- T4M (TMM) taux moyen mensuel du marché monétaire est la moyenne arithmétique des 30 ou 31 jours du mois précédent. Le T4M est connu le premier jour du mois suivant,
- TAM taux annuel monétaire représente la capitalisation du TAM des 12 derniers mois connus, le TAM est connu en même temps que le dernier T4M qui sert à son calcul,

- TAG variante du TAM le TAG 12 mois ou taux annuel glissant est calculé sur une période de 365 jours, qui ne s'arrête pas forcément en fin de mois,
- EURIBOR (euro interbank offered rate) taux moyens interbancaires calculés entre les banques de la zone euro,
- LIBOR équivalent des taux EURIBOR sur le marché de Londres sont calculés comme l'EURIBOR de 1 à 12 mois sur chacune des devises : US dollar, livre sterling, franc suisse, yen, et également euro.

En dynamique sur le marché monétaire, on distingue :
- les taux post fixés (passé récent) : EONIA la dernière journée, T4M le dernier mois, TAM les 12 derniers mois,
- les taux préfixés correspondant aux anticipations sur le futur rapproché, les 12 EURIBOR 1 mois à 12 mois.

C. La gestion de l'encours

107. Enjeux d'un réaménagement de la dette

Les objectifs principaux pour la collectivité sont la réduction du montant des frais payés (gestion de la trésorerie).

La simplification du mode de gestion de la dette permet la réduction de l'exposition au risque de coût.

Les objectifs des banques ne sont pas les mêmes que ceux des collectivités, il s'agit d'un jeu à somme nulle : le gain réalisé par les uns se matérialise par une perte pour les autres.
- Le remboursement anticipé s'effectue à l'initiative de la collectivité,
- la renégociation s'effectue sur proposition de la banque,
- le remboursement anticipé s'effectue à l'initiative de la collectivité.

108. Les objectifs principaux

- réduire le taux de l'emprunt soit en se refinançant à un taux fixe abaissé (conditions du marché + favorable) soit à un taux indexé fondé sur des anticipations de réduction de frais financiers,

- déstocker de la dette en la refinançant partiellement ou pas du tout pour atteindre un objectif de taux 0.

D. Le réaménagement des prêts à taux fixes et taux indexés

109. La renégociation à l'initiative des banques

- Les conditions du remboursement anticipé ne sont pas fixées unilatéralement par l'emprunteur, afin de ne pas créer de dissymétrie au détriment du prêteur qui n'a pas la possibilité d'exiger le remboursement intégral du capital restant dû en cas d'évolution contraire des taux,
- Dans le cadre de la loi démocratie de proximité du 27 février 2002, la décision de réaménager un contrat d'emprunt peut être déléguée par l'assemblée délibérante au président.
- Sur le plan budgétaire, il faut différencier le cas où la collectivité se refinance auprès du même prêteur, celui où elle change de prêteur, celui où elle finance sur son encaisse.
- Les opérations de remboursement anticipé peuvent être réalisées sans nouvelle inscription budgétaire dans les premiers mois de l'année.
- Une collectivité reste débitrice du capital restant dû d'un emprunt (CRD) qui doit être amorti par un certain nombre d'échéances.
- On appelle taux d'équilibre, le taux actuariel de placement de l'opération de remboursement anticipé. Le calcul de ce taux permet d'apprécier l'équilibre financier de l'opération par rapport aux conditions de refinancement.
- Lorsqu'une collectivité rembourse un contrat, le résultat net actualisé (RNA) du remboursement anticipé est la différence algébrique entre le coût actualisé des échéances qu'elle aurait supporté avec l'ancien contrat.
- La totalité du coût de sortie, à savoir la somme du capital restant dû, de l'indemnité, des éventuels

intercalaires, des commissions, etc. l'actualisation doit être faite aux conditions standards de refinancement à savoir le taux fixe homogène.

E. Le réaménagement des prêts à taux fixes

110. Le principe de l'indemnité actuarielle

Une collectivité qui a contracté un emprunt à un taux T règle à sa banque une annuité.

Les taux ayant baissé, cette collectivité souhaiterait rembourser par anticipation son emprunt pour se refinancer au taux du marché (inférieur au taux T, ce qui lui permettrait sur la même durée résiduelle, de payer une annuité ***a*** inférieure à l'annuité A.

La banque supporterait un manque à gagner si les nouvelles annuités ***a*** sont inférieures aux anciennes annuités A s'il n'y avait pas de remboursement anticipé.

L'indemnité actuarielle dépend étroitement de l'exposition au risque de taux de l'emprunt d'origine c'est-à-dire :

- de la différence entre le taux initial de l'emprunt et le taux du marché de la duration de l'emprunt
- plus la différence de taux et plus la duration sont importantes plus l'indemnité actuarielle sera élevée.

F. Le réaménagement des prêts à taux indexés

Les marges adossées sont consenties par une banque sur des indices standards (EURIBOR préfixé ou TAM post fixé) pour lesquels l'établissement prêteur adosse son financement à chaque échéance.

De nombreux index à taux révisables ou variables ne peuvent donner lieu à adossement pour la banque : TEC10, EURIBOR post fixé.

Les produits structurés incorporant des swaps (échanges) ou des options, la règle est que le produit ne peut pas être renégocié, mais seulement racheté au prix du jour.

G. Allongement de l'encours

Certains prêteurs proposent aux collectivités d'allonger la dette, c'est-à-dire de modifier par avenant le plan d'amortissement initial en réduisant le montant des remboursements annuels de capital.

Cette proposition peut être pertinente lorsque les taux longs sont bas, la collectivité a intérêt à en prendre pour la durée la plus longue possible. Inversement, si les taux sont très élevés, la collectivité a intérêt à l'éliminer le plus vite possible. La collectivité doit conserver la maîtrise de sa prospective qu'elle arbitre à partir de sa capacité de désendettement plutôt que de l'épargne nette.

H. L'effort fiscal du potentiel fiscal au potentiel financier

L'effort fiscal d'une commune est égal au quotient entre :

- d'une part la somme des produits perçus par la commune et son groupement intercommunal au titre de la taxe d'habitation (TH) de la taxe sur le foncier bâti (TFB) de la taxe sur le foncier non bâti (TFNB) de la taxe additionnelle sur le foncier non bâti (TAFNB) de la taxe ou de la redevance d'enlèvement des ordures ménagères (TEOM/REOM),

- d'autre part, les bases brutes de TH, TFB, TFNB, multipliés par les taux moyens nationaux et le produit de TAFNB, l'effort fiscal intégré (EFA) d'une intercommunalité utilisé pour le calcul du FPIC.

111. L'effort fiscal

- Les données concernant l'effort fiscal doivent prendre en compte des facteurs qui peuvent créer des distorsions.
- Les villes centre sont désavantagées lorsque le coût des services publics ne peut être répercuté sur les petites communes, le coefficient de mobilisation du potentiel fiscal est plus élevé en zone urbaine qu'en zone rurale.

- La vétusté des bases cadastrales conduit à des distorsions entre bases locatives et la valeur réelle du marché selon les régions.
- Les comparaisons de voisinage sont difficiles à mener avec ce ratio.
- Le facteur d'interdépendance financière entre communes et groupements.
- La prise en compte de la marge juridique est difficilement appréciable sur un seul ratio synthétique.
- La mesure de la marge de manœuvre politique est fluctuante, le potentiel fiscal d'une collectivité donnée augmentait indépendamment de l'évolution des bases par le jeu de relèvement des bases nationales.
- La réglementation évolue régulièrement avec une tendance mécanique à la perte d'autonomie fiscale (pour les régions, seule capacité d'action cartes grises et un quota de relèvement de la taxe intérieure de consommation sur les produits énergétiques (TICPE).

J. Les signes avant- coureur de la dégradation

En reprenant les comptes anciens de collectivités, qui ont eu d'importantes difficultés financières, on peut mettre en évidence les signes avant- coureur de la dégradation financière. Si un processus de surendettement commence à s'amorcer, il ne faut pas attendre que les mesures de redressement soient prises sous la contrainte des partenaires financiers.

112. Croissance relative des postes

Si le rythme des dépenses progresse plus vite que celui des recettes définitives, cela peut être interprété comme une diminution de la marge de manœuvre.

- Principales recettes définitives : impôts, dotations, tarification, transferts reçus, etc..
- Principales dépenses : personnel, transferts versés, frais financiers dépenses d'équipement brut, etc.

Si une collectivité n'arrive à maintenir un taux d'autofinancement constant qu'en augmentant la fiscalité annuellement, cela signifie qu'il y a déséquilibre structurel du taux de croissance des recettes et des dépenses de fonctionnement. Si les taux d'imposition arrivent à un taquet juridique ou politique, les tendances lourdes reprennent le dessus.

K. Mode de financement des équipements

Pour choisir par quel moyen vont être financés les équipements, il est nécessaire de chiffrer la variation de l'encours de la dette utilisée. Toute diminution du fonds de roulement correspond à une utilisation d'emprunts antérieurement contractés.

Une forte diminution du résultat global de clôture doit être liée à un désendettement budgétaire (mise en place d'une trésorerie 0) si ce n'est pas le cas cette forte diminution correspond à une détérioration de la situation financière.

Les collectivités qui font de la trésorerie 0 (niveau de liquidités proche du 0) remboursent par anticipation d'anciens emprunts, leur encours de dette diminue, la dette utilisée ne progresse pas malgré la chute du fonds de roulement.

Lorsque le fonds de roulement (ressources durables) diminue alors que la collectivité a continué à emprunter sur l'exercice, cela constitue un des signes annonciateurs de la dégradation des comptes.

L. Capacité de désendettement

113. analyse de solvabilité

Comment rembourser la dette

1) Rembourser par le flux (épargne brute)
2) rembourser par les stocks (patrimoine privé)

La couverture de l'encours de dette par de l'épargne brute doit être favorisée.

Question à se poser : en combien d'années une collectivité peut-elle amortir la totalité de sa dette en y consacrant tout son autofinancement brut ?

Plus la collectivité dégage d'épargne, plus elle peut continuer à s'endetter puisque la collectivité aura dimensionné sa dette aux possibilités de remboursement.

Pour un calcul significatif de la capacité de désendettement, il convient de prendre les précautions suivantes :

- calculer le ratio à partir du compte administratif et non pas du budget primitif (les budgets n'intègrent pas l'épargne qui reste des exercices précédents),
- sur le compte administratif il faut enlever le fonds de roulement d'ouverture (il s'agit d'un stock et non d'un flux),
- si l'encours de la dette de la collectivité est composé de beaucoup de produits structurés dont les taux d'intérêt sont inférieurs au taux du marché, l'épargne brute sera minorée,
- toutes les recettes ou dépenses de fonctionnement non récurrentes peuvent être enlevées de l'épargne brute et assimilées à des opérations d'investissement,
- si une ligne de trésorerie est régulièrement utilisée, ajouter la moyenne annuelle appelée à l'encours budgétaire, si le fonds de roulement au 31 décembre est négatif, le déficit de clôture doit être ajouté à l'encours de dette.

La dette issue de montages de délégation de service public (DSP) doit être intégrée dans le calcul pour ce qui concerne la part publique de cet encours.

Les budgets annexes doivent être intégrés dans l'analyse sauf :

- ceux qui sont remboursés par des cessions
- ceux dont la dette est couverte par un usager (eau assainissement)

La capacité de désendettement doit être calculée en consolidé en ajoutant la dette :

- d'un groupement intercommunal à fiscalité professionnelle unique (FPU) et de ses communes membres en les rapportant à leur épargne brute consolidée.

- D'une collectivité et de ses satellites en évaluant une capacité d'autofinancement consolidée du périmètre économique.

Pour un calcul sans retraitement, la capacité de désendettement peut être calculée à partir du tableau des ratios de la loi ATR en divisant le ratio n° 5 par la différence (ratio n° 3 – ratio n° 1).

Le nombre d'années qui ressort du calcul du ratio doit être apprécié au regard de la durée conventionnelle d'endettement de la collectivité à savoir 15 ans.

Si la capacité de désendettement s'élève à 10 ans, cela veut dire qu'une collectivité peut sur la base de son épargne instantanée, rembourser la totalité de sa dette en utilisant les deux tiers de son autofinancement brut, le dernier tiers servant à investir.

La zone dangereuse commence à 12 ans, au moment où la part d'autofinancement devient marginale.

Le ratio encours/épargne brute est universel, car il peut être calculé pour toutes les sortes de collectivités territoriales. Pour la plupart des collectivités, la limite des capacités de désendettement peut être fixée autour de 12 à 15 ans.

Chapitre 5
Appréhender le risque en matière financière

A. Les facteurs de risque financier [16]

La mise en place d'une démarche de gestion des risques concerne toutes les collectivités territoriales : conseils régionaux, conseils départementaux, communes et mêmes structures d'intercommunalité. En offrant une vision consolidée et stratégique des risques pouvant toucher les activités de la structure, la gestion des risques constitue un instrument d'aide à la décision et de sécurisation de l'action publique.

Les cinq facteurs de réussite dans la mise en place d'une gestion des risques sont :

- impliquer les élus dans la démarche,
- s'appuyer sur des partenaires et des soutiens reconnus,
- communiquer de façon pertinente vers les parties prenantes et le grand public,
- insuffler une véritable culture de la gestion du risque afin de permettre le déploiement du système de contrôle interne.

114. Définition du risque

Quatre facteurs principaux ont contribué à la montée en puissance de la fonction financière des collectivités territoriales locales et au rapprochement entre la gestion privée et la gestion publique :

[16] KOPFER Michel, BACHARAN Céline, ESCALIER Christian, GROUD Vivien, VINCENOT Grégoire, Gestion financière des collectivités territoriales, 8eme édition, Mayenne : Le moniteur, octobre 2018. 550 p

1) l'ouverture aux collectivités publiques de certaines sources de financement traditionnellement utilisées par les entreprises (crédit, bail, émissions obligataires, billets de trésorerie),
2) l'accroissement des compétences des collectivités locales (en matière économique)
3) l'amorce d'une certaine forme de mobilité entre le monde des collectivités et le secteur marchand,
4) les inquiétudes liées au risque de détérioration de la solvabilité de nombre de collectivités qui ont conduit à une volonté d'optimisation et de rationalisation de la gestion afin de rester à un niveau de fiscalité constant et une capacité d'épargne acceptable.

La collectivité fonctionne selon des règles dictées par son statut et visant à optimiser et contrôler le rapport qualité/coût est compréhensible par tous. Dans le critère de qualité, il est nécessaire d'intégrer la minimisation du facteur de risque encouru. La qualité subjective, prédominante pour tous les enjeux stratégiques de l'action publique locale. La qualité client est également importante, notamment pour les équipements.

B. Le risque de taux et la stratégie d'endettement

115. Les risques de taux d'intérêt

Le risque de taux désigne une situation dans laquelle le prêteur et l'emprunteur supportent un aléa qui se traduit par un gain ou une perte. L'expérience de la renégociation a fait prendre conscience aux collectivités qu'il fallait être très vigilant face au mécanisme de risque de taux. Il apparaît dès que les ressources d'emprunt du passif (capitaux et dettes qui occasionnent des sorties de ressources) et les investissements figurant à l'actif (biens qui procurent des ressources) ne génèrent pas des flux de même nature.

Les collectivités ont découvert le risque de taux, lequel jouait pour la première fois à leur détriment s'agissant d'emprunts contractés à 17,80 %. Pour ces prêts à taux élevés, les propositions des banques consistaient à faire baisser (artificiellement) les annuités en allongeant la durée.

Les collectivités se sont alors positionnées sur les taux indexés beaucoup moins élevés, mais les indices monétaires sont remontés au-dessus de 10 %.

116. Durée de l'emprunt

L'exposition au risque de taux est plus élevée pour un emprunt dont l'échéance est éloignée que pour un emprunt dont l'échéance d'amortissement est proche

117. L'influence du profil d'amortissement

Deux paramètres caractérisent un emprunt : la duration et la sensibilité

1) La duration est la vie moyenne exprimée en nombre d'années d'un produit financier (emprunt, placement, obligation)
2) La sensibilité est la propension du cours d'une obligation à taux fixe à s'élever lorsque les taux d'intérêt baissent et réciproquement.

118. Prise en compte de la courbe des taux

- Importance du processus d'actualisation qui permet le chiffrage de la valeur présente des flux.
- Le taux d'actualisation n'est pas constant sur une durée de 1 à 15 ans. Le taux d'intérêt du marché n'est pas le même sur le court et long terme.
- Le mode de fixation des taux courts et des taux longs obéit à des logiques différentes.

C. La stratégie de l'endettement.

- La règle essentielle doit être de satisfaire les objectifs budgétaires après avoir vérifié qu'ils n'entrent pas en conflit avec les objectifs financiers des développements de la dette.

- Ces différents objectifs conduisent à une stratégie globale qui est de minimiser les frais financiers sur le long terme.
- Le taux d'intérêt moyen de la dette n'a de sens que pour l'exposition au risque de taux : répartition d'un encours entre taux fixe et taux indexé.
- Si le taux d'intérêt moyen de la dette était un réel critère de jugement, toute alternative entre : par exemple un taux fixe à 2,50 % sur 15 ans et un taux indexé qui démarre à 1 % reviendrait à choisir le taux indexé à 1 % en ne comparant que la première année des deux flux.
- Le taux fixe doit être comparé à l'inflation escomptée, les principales recettes et dépenses de fonctionnement et donc de l'épargne brute qui en est le solde sont indexés sur l'érosion monétaire.
- Les conditions de remboursement anticipé doivent être prises en considération et doivent tenir compte de la capacité de la collectivité à flexibiliser son encours pour de la gestion de trésorerie.
- Pour contracter un emprunt, la collectivité est confrontée à un arbitrage entre EURIBOR et TAM, il faut comparer l'EURIBOR actuariel (365 jours).

Depuis 2009, les indices monétaires n'ont pas excédé 2 %.

119. Raisonnement conjoncturel

- Choix du moment de l'appel à l'emprunt

Si inscription en compte 16, elle doit faire rentrer ses emprunts sur des critères financiers.

Le critère le plus important est de ne pas se situer en trésorerie oisive. Il est moins grave d'emprunter dans un mauvais indice (qui peut représenter un surcoût) que de faire entrer un flux inutile qui couterait la totalité du taux payé.

La combinaison de la gestion de dette et de trésorerie est un principe central de la stratégie d'endettement.

- Choix de taux d'intérêt

Dans un raisonnement conjoncturel, les collectivités ont intérêt à s'en tenir au bon sens pour constituer leur fond de dette.

La structure actuelle de la dette de la collectivité doit être prise en compte :

- Un tiers de taux fixe,
- Un tiers de taux indexé,
- Un tiers qui peut être fixe ou indexé.

Chapitre 6
Les emprunts locaux

A. Le recours à l'emprunt

Les recettes d'emprunts sont exclusivement destinées à financer des investissements. L'emprunt ne doit pas servir à combler un déficit de la section de fonctionnement ou une insuffisance de ressources propres pour assurer l'amortissement de la dette. Le tirage de l'emprunt donne lieu à l'émission d'un titre de recette au compte 16.

Les emprunts qui ont fait l'objet d'un engagement juridique sous forme de contrat ou de réservation de crédits, et qui n'ont pas été tirés au cours de l'exercice considéré sont iinscrits en restes à réaliser.

120. Les deux actes juridiques

Le recours à l'emprunt s'accomplit en général à travers deux actes juridiques successifs :

1) une délibération ou une décision,
2) un contrat avec l'établissement prêteur.

Le recours à l'emprunt relève de la compétence de l'assemblée délibérante de la collectivité locale.

Cette compétence peut être déléguée :

- au maire agissant par délégation du conseil municipal (article L. 2122-22 du CGCT)
- au président et la commission permanente pour le conseil départemental (article L. 3211-2 du CGCT),

- au président et la commission permanente pour le conseil régional (L. 4221-5 du CGCT),
- au bureau et le président pour les établissements publics de coopération intercommunale (notamment article L. 5211-10 du CGCT).

Une délibération générale prise par l'assemblée délibérante, précise notamment l'étendue des pouvoirs délégués et les règles d'information futures.

L'absence de délibération de délégation entraînerait l'illégalité pour incompétence des actes relatifs aux emprunts. Il est important de faire référence à la délégation initiale dans les décisions et contrats d'emprunts ultérieurs.

B. Les opérations de couverture contre les risques de taux, d'emprunts en devises

121. Les emprunts structurés.

Dans les années 2000, de nombreuses collectivités territoriales, se sont trouvées confrontées à une hausse brutale du coût de leurs emprunts[17], ont tenté de les faire annuler.

Certaines ont engagé des contentieux, d'autres ont demandé la médiation de l'administration, d'autres, enfin, demandent la création d'une structure de défaisance publique pour reprendre leurs emprunts. L'encours de dette locale serait constitué à environ 15-20 % de produits structurés.

L'opacité des formules a joué un rôle essentiel dans le succès de ces produits, dans un contexte de désendettement des collectivités locales au cours de la première partie des années 2000.

Ces montages ont permis d'afficher à court terme un endettement particulièrement peu coûteux, une amélioration de l'autofinancement de la collectivité territoriale.

---

[17] ALBOUY Michel ; Professeur senior de finance, Grenoble École de Management (GEM).

En réalité, ils ont ignoré le prix du temps : qu'il s'agisse des banques conseils ou des collectivités emprunteuses, une convergence d'intérêts s'est installée pour laisser croire que les flux financiers de ces produits étaient équivalents, alors qu'ils étaient déterminés à des moments différents – ce qui a un prix.

Certaines collectivités ont tenté de faire porter la responsabilité de ces montages financiers aux responsables administratifs qui ne comprenaient pas eux-mêmes la complexité des formules d'emprunt proposées par les banques. Peu d'entre eux ont eu la sagesse de ne pas encourager les élus à souscrire des emprunts dont ils ne saisissaient pas les mécanismes.

En effet, les élus étaient demandeurs de financements faciles, peu coûteux et immédiats, reportant ainsi d'autant plus loin dans le temps, le paiement réel des échéances.

C. Mieux informer l'assemblée délibérante de la collectivité territoriale

La circulaire n° NOR/IOCB1015077C de 45 pages du 25 juin 2010 [18]abroge les circulaires n° NOR/INT/B/92/00260/C du 15 septembre 1992 et n° NOR/LBL/B/03/10032/C du 4 avril 2003.

Le contenu de la délégation de pouvoir de l'assemblée délibérante à l'exécutif précise la stratégie d'endettement de la collectivité ou de l'établissement et les caractéristiques essentielles des contrats, et la durée de la délégation.

Le contrôle de l'assemblée délibérante sur les actes effectués en son nom est évoqué :

- L'information de l'assemblée délibérante sur les actes effectués en application de la délégation,

18 www.maire-info.com/.../la-circulaire-relative-aux-produits-financiers-offerts-aux-colle...
27 juil. 2010 - La circulaire relative aux « produits financiers offerts aux ... contrats dits « toxiques » qui n'étaient pas adaptés à leur situation. ... du 25 juin 2010, NOR: IOCB1015077C

- le rapport sur l'état et l'évolution de la dette ainsi que les autres informations figurant dans les documents budgétaires comme la faculté de provisionner un risque financier découlant de l'évolution défavorable du taux d'intérêt des emprunts ou des instruments financiers souscrits.

Sur ce dernier point, la norme internationale de comptabilité publique publiée en janvier 2010 n'oblige pas les entités publiques à provisionner sur ce type de risques, car il s'agit d'obligations futures qu'il est impossible de mesurer.

D. Des services de l'État

Le rôle des services préfectoraux se situe entre la mission de conseil et de contrôle. Au titre du contrôle de légalité, il s'agit de vérifier la délibération déléguant la compétence « emprunt » de l'assemblée délibérante à l'exécutif.

Les services préfectoraux contrôlent les provisions pour pertes en charges d'intérêt afin de constater leur juste estimation, etc.

Le comptable est tenu de participer aux contrôles de régularité des opérations.

Dans sa mission de conseil, le comptable public d'un organisme public local peut être conduit à alerter, de sa propre initiative une collectivité à propos d'un risque qu'il aurait repéré dans l'endettement de celle – ci et les produits souscrits.

122. Les catégories d'emprunts

Les principales catégories d'emprunts constituant la dette des collectivités locales sont les suivantes :

- les emprunts obligataires,
- les emprunts auprès d'établissements de crédit, les dépôts et cautionnements reçus,
- les emprunts et dettes assorties de conditions particulières (exemple des avances consolidées du

Trésor ou les prêts accordés sur des comptes spéciaux du Trésor),
- les autres emprunts et dettes assimilées.

Des engagements hors bilan donnés par les collectivités locales doivent faire l'objet de constatations dans des états annexés aux documents budgétaires, budget primitif et compte administratif.

La France a tourné la page des emprunts toxiques des collectivités et établissements locaux, contractés en grande majorité au cours des années 2005-2011 dans un contexte où :

- L'absence de réglementation permettait tous les écarts. La réglementation a été revue en 2013 dans le cadre de la loi bancaire.
- Le fonds de soutien créé par la loi de finances initiale pour 2014 a apporté une aide aux collectivités et établissements les plus fortement affectés par les emprunts structurés dont ils restaient porteurs.
- 676 collectivités et établissements locaux ont déposé un dossier de demande d'aide auprès du fonds de soutien aux emprunts à risque, mis en place à l'automne 2014 ont désormais reçu une aide la part de l'État. Cet objectif a été atteint malgré la hausse des taux d'intérêt à partir de janvier 2015 du fait de l'appréciation du franc suisse.
- Les propositions du fonds de soutien ont été très largement acceptées par les collectivités et établissements locaux.
- Le dispositif gouvernemental mis en place par la loi de finances pour 2014 puis abondé de 1,5 milliard d'euros supplémentaires en loi de finances pour 2016 est bien étudié.
- Le niveau de prise en charge des pénalités de remboursement anticipé, pouvant atteindre légalement un niveau maximal de 75 %, répond effectivement aux attentes des collectivités.

- Cette aide est calculée par référence à l'indemnité de remboursement anticipée (IRA) due au titre de ces emprunts, allégeant d'autant le coût associé à leur remboursement anticipé. Les assemblées parlementaires et les collectivités locales se sont associées au Comité national d'orientation et de suivi (CNOS) du fonds de soutien.

E. L'intervention des fonds de soutien

Les premières notifications d'aide aux collectivités et établissements ayant sollicité l'intervention du fonds de soutien créée par la loi de finances initiale pour 2014 sont intervenues le 21 septembre 2015 et se sont poursuivies jusqu'au 1er trimestre 2016.

Les propositions ont intégré la totalité des modifications apportées aux textes régissant le dispositif, intervenues depuis l'annonce par le Gouvernement du doublement de la capacité d'intervention du fonds de soutien.

Elles ont proposé la prise en charge d'une part (en moyenne d'environ 50 %, mais pouvant aller jusqu'à 75 %) de l'indemnité de remboursement anticipé mise à la charge des collectivités et établissements en cas de remboursement des prêts à risque dont ils restent redevables.

Le cas des collectivités territoriales ayant souscrit des crédits toxiques est considéré globalement comme réglé depuis fin 2016, en grande partie grâce au fonds de soutien de 3 milliards d'euros mis en place par l'État.

Toutes les décisions prises par les tribunaux en faveur des collectivités ont été rejetées en cours de cassation au motif que les collectivités étaient suffisamment informées !!

Chapitre 7
Plan pluriannuel

A. La programmation pluriannuelle.

Le programme pluriannuel d'investissement (PPI) est la projection à moyen terme sur des opérations d'investissement les plus importantes.

Il se présente sous forme de tableau déclinant les exercices budgétaires qu'il couvre et les catégories d'investissement :

- les opérations issues du précédent mandat, engagées et destinées à être terminées,
- les opérations nouvelles,
- la maintenance des immobilisations telle que la voirie et les bâtiments,
- le renouvèlement de certaines immobilisations (véhicules, matériels lourds nécessaires à l'exécution normale du service public),
- les adaptations immobilières ou techniques nécessitées par la réglementation, les travaux d'accessibilité des établissements recevant du public (ERP), des transports publics et de la voirie pour les personnes à mobilité réduite.

B. Les autorisations de programme (AP) et autorisations d'engagement (AE)

Les autorisations pluriannuelles modifient la perspective grâce à l'utilisation des autorisations de programme (AP) en dépenses d'investissement ou des autorisations d'engagement (AE) en fonctionnement.

- Elles constituent pour tous les niveaux de collectivités « la limite supérieure des dépenses qui peuvent être engagées » de manière pluriannuelle.
- Elles sont valables, sans limitation de durée, jusqu'à ce qu'il soit procédé à leur annulation. Elles peuvent être révisées.
- L'affectation d'une AP est la décision de la collectivité de mettre en réserve un montant de crédits destiné à la réalisation d'une opération d'investissement précise et financièrement évaluée.
- L'affectation d'une AE est la contrepartie d'un engagement juridique auprès d'un tiers, au titre duquel les crédits sont réservés.

C. Les crédits de paiement (CP)

Les crédits de paiement inscrits au budget sont la matérialisation des AE et des AP.

Ils constituent la limite supérieure des dépenses pouvant être mandatées pendant l'année pour les engagements contractés dans le cadre des autorisations.

L'objectif est d'établir le lien entre le suivi des AP et la consommation des CP.

La programmation fixe la date à laquelle la probabilité de réalisation des CP est la plus forte.

D. Le plan pluriannuel d'investissement (PPI)

La mise en place d'un PPI permet de donner une vision prospective et synthétique aux projets des élus.

Il faut veiller à réactualiser tous les ans en fonction des réalisations intervenues au cours des exercices.

En fonction des réalisations, les AP et les CP doivent être recalculés, voire annulés dans les cas où ils ne sont pas affectés ou engagés. La durée peut être inférieure à celle de la programmation.

E. Le plan pluriannuel de fonctionnement (PPF)

Ce document répond aussi à la logique de la planification des interventions sur le territoire.

Les autorisations pluriannuelles constituent :

- un outil de pilotage dans le sens où elles permettent de situer le budget en cours d'exécution dans une perspective pluriannuelle,
- une logique d'objectifs, car il s'agit d'un outil extra budgétaire puisqu'elles ne sont pas calées sur la structure du budget,
- une amélioration de la visibilité financière à moyen terme si elles s'inscrivent dans une logique de définition de la stratégie locale par une prévision et une programmation des ressources et des dépenses.

F. Les conditions de mise en œuvre

123. Déterminer la durée des AP et AE

- Donner une durée de vie maximale aux AP et AE, car la mise en place de règles internes sécurise le dispositif et permet d'actualiser périodiquement les lignes pluriannuelles et de sécuriser le dispositif.
- Le découpage en nombre d'années se fait en fonction de la durée de l'action, la période de l'utilisation et des dispositifs d'administration financière de la collectivité.

124. Créer les conditions de l'actualisation

Il est souhaitable de concevoir une procédure d'actualisation de la programmation pour corriger les prévisions initiales par rapport aux réalisations.

Les AP sont débattues au moment du DOB, les AP peuvent aussi être votées lors de n'importe quelle session budgétaire, afin de rapprocher le vote de la date du démarrage de l'intervention.

125. Adapter la pluri-annualité

La pluri-annualité est limitée aux projets cohérents et certains.

- L'engagement comptable doit précéder l'engagement juridique pour vérifier la disponibilité des crédits.
- L'accroissement des autorisations déjà votées est à exclure.
- Le découpage de l'opération peut compliquer la reconstitution des coûts globaux.
- La création d'une étape entre le niveau de gestion supérieur et le niveau de gestion opérationnel permet d'optimiser le suivi des opérations et des programmes.
- Plusieurs engagements doivent pouvoir être passés pour une même opération d'investissement afin de permettre une meilleure adéquation des moyens aux besoins.
- Les taux de réalisation des opérations d'investissement augmentent puisque l'évaluation du montant des crédits nécessaires est plus exacte.
- Les élus peuvent prévoir de prélever des impôts plus justes en fonction des réalisations effectives.
- La pluri annualité laisse une marge de manœuvre plus importante et favorise les objectifs et les résultats.
- Les prévisions des dépenses sur plusieurs années avantagent la vision financière à moyen terme.
- Les arbitrages entre fiscalité, emprunt, investissement et service rendu sont améliorés.
- Le budget primitif se rapproche davantage du compte administratif prévisionnel.
- La cohérence de l'action publique de la collectivité est améliorée.
- Une meilleure planification technique, car les services techniques peuvent instruire les dossiers et lancer les appels d'offres plus rapidement sans attendre le vote du budget.

126. L'harmonisation du pilotage des AP-CP

Le pilotage par les AP - CP permet d'harmoniser trois exigences :

- l'exigence politique qui souhaite traduire et afficher budgétairement ses projets d'investissement,
- l'exigence financière qui cherche à limiter les inscriptions de crédits de l'année à un niveau réaliste pour éviter l'accumulation de restes à réaliser,
- l'exigence technique qui planifie les programmes d'investissement sur plusieurs années.

- **Exemple**

	BP 2019		• BP 2020		Programmation 2021 2022	
	dépenses	recettes	dépenses	recettes	dépenses	recettes
investissement	•	•	•	•	•	•
AP	•	•	•	•	•	•
Autres crédits	•	•	•	•	•	•
Sous-total	•	•	•	•	•	•
fonctionnement	•	•	•	•	•	•
AE	•	•	•	•	•	•
Autres crédits	•	•	•	•	•	•
Sous- total	•	•	•	•	•	•
TOTAL	•	•	•	•	•	•

Les autorisations de programme et crédits de paiements (AP-CP) permettent de gérer une politique à la fois sur le moyen terme (5 -7 ans) et sur l'année civile. Cette politique cohérente facilite la tâche de l'administration qui peut procéder à des engagements pour des dépenses qui s'effectueront sur plusieurs années.

Chapitre 8
L'équilibre réel des budgets locaux[19]

Les collectivités adoptent – et en théorie exécutent – des budgets en équilibre. Cela veut dire, concrètement, que leurs budgets ne présentent pas de déficit, l'emprunt y apparaît explicitement comme une recette.

Il n'en va pas de même s'agissant de l'État, le solde budgétaire est négatif, car l'emprunt, qui couvrira ses besoins de financement non couverts par des recettes définitives, ne figure pas au budget comme une recette.

Les collectivités territoriales sont, tout comme l'État, susceptibles de s'endetter – même parfois lourdement – bien que leurs budgets soient obligatoirement en équilibre.

A. Les budgets locaux doivent être en équilibre réel

- L'équilibre réel (la règle d'or budgétaire) est la traduction budgétaire du respect par les collectivités territoriales des règles du plan comptable général.
- Celui-ci repose sur le principe de la comptabilité en partie double, qui fait correspondre au bilan un élément d'actif (les investissements que l'on réalise) que l'on possède aux éléments de passif (dépense, emprunt et endettement) que l'on a mobilisés pour son acquisition.
- Un bilan est forcément équilibré. Sur le plan budgétaire, la recette d'investissement « emprunt » est un élément comptable de passif correspondant à des dépenses d'investissement dont le produit correspondant sera un élément comptable d'actif.

---

[19] WAZERMAN Franck , Vie publique, le 29 novembre 2016

- L'équilibre réel ne se réduit pas à l'équilibre des comptes par la budgétisation de l'emprunt, car C'est donc une variable d'ajustement pour atteindre l'équilibre, mais une variable partielle seulement puisqu'elle ne peut pas servir à équilibrer la section de fonctionnement des budgets locaux.
- Pour qu'il y ait équilibre réel, il faut que chacune des deux sections, fonctionnement et investissement, soit votée en équilibre comptable, c'est-à-dire avec un solde positif ou nul.

B. La section de fonctionnement et la section d'investissement doivent avoir un solde nul ou positif

127. La section de fonctionnement

L'excédent, le cas échéant, constitue une recette d'investissement. C'est un moyen d'autofinancement. En toutes hypothèses, ne figurent au nombre des recettes de fonctionnement que des recettes dites définitives ; donc l'emprunt n'est pas possible. Les collectivités locales ne peuvent pas recourir à l'emprunt pour financer leurs dépenses de fonctionnement.

128. La section d'investissement

La section d'investissement doit aussi être votée en équilibre :

- C'est-à-dire solde nul ou positif.
- L'emprunt est possible sous certaines conditions.
- Le remboursement du capital emprunté préalablement est une dépense d'investissement qui doit être couverte par des recettes d'investissement présentant un caractère définitif.

129. Une collectivité ne peut couvrir la charge d'une dette préexistante par un nouvel emprunt.

En outre, le principe de sincérité budgétaire impose de ne pas majorer artificiellement une recette et ne pas minimiser artificiellement une dépense pour équilibrer le budget.

En résumé, au sens des finances locales, un budget est équilibré si, dans le cadre d'inscriptions budgétaires sincères, il vérifie les conditions suivantes :

- équilibre comptable des deux sections ;
- financement obligatoire de l'emprunt par des ressources définitives de la section d'investissement.

L'endettement doit figurer en haut de bilan (dans les éléments de passif).

La traduction budgétaire, c'est que dans le cadre d'un budget local équilibré, la charge de la dette doit être couverte par des ressources définitives prioritairement à l'inscription de dépenses nouvelles.

CONCLUSION

Ce petit précis de finances locales doit permettre à chaque citoyen qui le souhaite de se forger une idée concrète de l'utilisation de l'argent public.

Bien des situations restent à harmoniser pour réaliser de réelles économies, notamment ajuster les compétences de l'État et de chaque collectivité territoriale afin d'éviter les doublons.

Adapter les compétences déléguées aux collectivités par l'État et éviter que les collectivités ne demandent à l'État de conserver ses prérogatives par confort ou par nécessité. Les très petites collectivités n'ont évidemment pas les moyens d'exercer toutes leurs compétences sous réserve d'avoir des services plus nombreux que la population ! D'où la nécessité des regroupements de communes.

Et encore une fois, à condition que les regroupements de communes n'exercent pas les mêmes compétences dans les communes et les communautés regroupées.

Exemples : construction d'une médiathèque dans la communauté de communes et construction d'une médiathèque dans une commune de ladite communauté sur ses fonds propres !

Construction de terrains de tennis municipaux couverts dans une petite commune de 4000 habitants non partagés avec les communes de la communauté !

Piscine municipale que les habitants de la communauté d'agglomérations utilisent, mais dont les élus communautaires refusent de partager les frais de personnels et d'entretien !

Embauche de personnels lors des regroupements de communes pour le fonctionnement des services administratifs alors que ces mêmes personnels existent déjà dans les communes.

Dans les regroupements de régions, on trouve les mêmes problématiques : personnels existant dans les deux régions regroupées avec des staffs de directeurs qu'il faut bien occuper. Encore heureux si ces mêmes services n'existent pas dans les services de l'État.

Tous ces changements organisationnels nécessitent des changements comportementaux et sociétaux que certains citoyens ne sont pas prêts à accepter au nom de la proximité, ainsi les élus restent maîtres dans leur territoire !

Mais cela est une autre histoire que nous traiterons dans un prochain livre concernant les conséquences des changements organisationnels et sociétaux !

BIBLIOGRAPHIE

ALBOUY Michel, professeur senior de finances, Grenoble école de management,

BASLE Maurice, Suivi et évaluation des politiques publiques et des programmes, Paris : economica, septembre 2008. 180 p

BOETON Philippe préparation à l'examen professionnel attaché principal territorial 2019, le domaine financier p 54 à 77

BOUVIER Michel, Les finances locales, 17e édition, Mayenne : LGDJ, Systèmes pratique, 2018. 298 pages

BOUVIER Michel, ESCLASSAN, Marie Christine, LASSALE Jean Pierre. Finances Publiques LGDJ, 1995

CALVI Monique, comptabilité publique territoriale 2e édition, Italie Rotolito Lanbarda SpA : Nathan, juillet 2017.240 p

DUBET François : sociologie de l'expérience, seuil, Paris 1994

FABRE Pascal, BESSIRE Dominique LETORT Frédérique, « La comptabilité de gestion dans les villes : la nécessaire déconstruction d'un idéal-type », *Politiques et management public* [En ligne], Vol 31/2 | 2014, mis en ligne le 29 décembre 2016, consulté le 28 novembre 2017. URL : http://pmp.revues.org/7

FERRETI Raymond, Les finances publiques, transféré par donga 03, 7 mai 2016

GAUDEMET Paul-Marie et MOLINIER Joël, Finances publiques, Thémis PUF

GEM ; Décisions financières et création de valeur, *2e éd., Economica, 2003*

GFP N° 2-2019, Mars-Avril 2019, p. 87-97. Les apports de ***Pierre Lalumière*** à la compréhension des ***Finances publiques*** et de ses acteurs. Contributions of...

GREMONT Lise : mutation dans les collectivités territoriales, L'Harmattan, Paris 2014

HABERMAS Jürgen : théorie de l'agir communicationnel Fayard Paris 1987

J O KABORE Théodore, université de Ouaga 2, IFOAD, document didactique, février 2016 Systèmes,

KOPEL Sandrine : La modernisation des services municipaux : étude de cas sur le rôle des tableaux de bord de service d'une grande ville, IAE de Rouen - CREGO - Université de Rouen. 20`EME CONGRES DE L'AFC, May 1999, France.

KOPFER Michel, BACHARAN Céline, ESCALIER Christian, GROUD Vivien, VINCENOT Grégoire, Gestion financière des collectivités territoriales, 8e édition, Mayenne : Le moniteur, octobre 2018. 550 p

Les finances des collectivités locales en 2019 : https://www.collectivites-locales.gouv.fr/

Memento financier et fiscal du Maire, ministère du budget, des comptes publics et de la Fonction publique. https://www.collectivites-locales.gouv.fr/files/files/memento.pdf

Mairie Conseil : fiches pédagogiques, Finances publiques, Caisse des Dépôts et consignations.2016

Mission d'évaluation des politiques publiques (2008), « Calculer pour décider », dossier, *Cahiers de l'évaluation*, vol. 2, p. 9-11.

OPA, OPE et LBO*, Economica, 2008 (avec C. Bonnet) et* Finance immobilière et gestion de patrimoine*, Economica, 2009.*

PERIGNON Christophe, VALLEE Boris, Havard business school, HEC Paris, the political economy of Financial innovation : Evidence from local government, 2016.

Index

1

2

3

4

5

6

7

8

9

Table

SCIENCES ÉCONOMIQUES
AUX ÉDITIONS L'HARMATTAN

Dernières parutions

L'AMAZONIE EN FEU ?
Etat d'urgence
Jean-Jacques Fontaine
Août 2019, l'Amazonie brûle, le monde diplomatique s'enflamme et la crise devient planétaire. Mais le feu cache autre chose : c'est du déboisement sauvage qu'il s'agit, et qui a repris depuis que le président Jair Bolsonaro a promis d'encourager le développement productif de l'Amazonie. On craint désormais l'anéantissement programmé de la forêt brésilienne. Au cours des sept premiers mois de 2019, la déforestation en Amazonie brésilienne a augmenté de 67 % par rapport à la même période de 2018. Ce livre, écrit dans l'urgence, retrace les multiples contradictions de l'écosystème forestier brésilien qui ont mené à cette catastrophe.
(Coll. Horizons Amérique Latine, 142 p., 15,5 euros)
ISBN : 978-2-343-18505-7, EAN EBOOK : 9782140130878

DIVIDENDE DÉMOGRAPHIQUE ET DÉVELOPPEMENT DURABLE TOME 2
Fondements théoriques et modèles normatifs
Latif Dramani
Préface d'Andrew Mason et Ronald Lee - Postface de Mabingue Ngom
Cet ouvrage consacre l'élargissement des connaissances sur l'interaction entre la population et l'économie dans le monde et particulièrement en Afrique. De manière plus précise, il met en exergue le rôle potentiel de l'optimisation du dividende démographique dans l'amélioration des perspectives de développement des pays en voie de développement. L'objectif principal est de proposer un modèle normatif ainsi que des outils et méthodes appropriées à l'élaboration de politiques multisectorielles efficaces visant à améliorer le bien-être des populations.
(Coll. Harmattan Sénégal, 450 p., 45 euros)
ISBN : 978-2-343-17643-7, EAN EBOOK : 9782140130571

DIVIDENDE DÉMOGRAPHIQUE ET DÉVELOPPEMENT DURABLE TOME 1
Fondements théoriques et modèles normatifs
Latif Dramani
Préface d'Andrew Mason et Ronald Lee - Postface de Mabingue Ngom
Cet ouvrage consacre l'élargissement des connaissances sur l'interaction entre la population et l'économie dans le monde et particulièrement en Afrique. De manière plus précise, il met en exergue le rôle potentiel de l'optimisation du dividende démographique dans l'amélioration des perspectives de développement des pays en

voie de développement. L'objectif principal est de proposer un modèle normatif ainsi que des outils et méthodes appropriées à l'élaboration de politiques multisectorielles efficaces visant à améliorer le bien-être des populations.

(Coll. Harmattan Sénégal, 228 p., 25,5 euros)

ISBN : 978-2-343-17642-0, EAN EBOOK : 9782140130564

PRÉVENTION ET GESTION DES CONFLITS COMMUNAUTAIRES EN AFRIQUE PAR L'APPROCHE TERROIR

El Hadj Sall

Les populations du monde rural généralement pauvres sont les plus dépendantes des ressources naturelles à partir desquelles elles tirent leurs moyens d'existence. La gestion des terroirs en tant qu'approche, permet de mieux gérer l'espace rural en tirant profit de ses ressources, tout en assurant leur pérennité. Basée sur la concertation et le dialogue, elle permet de contribuer au développement local. L'ouvrage tente de montrer, à partir d'un exemple concret, comment les conflits communautaires peuvent être prévenus et gérés par cette approche.

(Coll. Harmattan Sénégal, 80 p., 12 euros)

ISBN : 978-2-343-18245-2, EAN EBOOK : 9782140129971

DUBAI 5.0, THE NEW MODEL

International Innovation Challenge

Yoni S.N. Engerran, Soraya Manel Djermoun

Prefaced by Jean-Hervé Lorenzi

What do you think about Dubai ? Oil, sand, camels ? In this book, the authors offer the keys to understand this modern and innovative City; through its History, its macroeconomy, its Government and all the strategies used and applied to reach such power nowadays. The State objectives and challenges : EXPO 2020, Vision 2021, Area 2071...The will cover the predominant foreign labor force, the ministries and laws governing the State, the taxation, the economic and financial tools, and we will explain how SME's and larger companies can be part of this successful market and how to enter it.

(182 p., 29,9 euros)

ISBN : 978-2-343-18321-3, EAN EBOOK : 9782140130113

CHANGEMENTS CLIMATIQUES ET MOUVEMENTS MIGRATOIRES EN AFRIQUE SUBSAHARIENNE

Comment les catastrophes naturelles et les flux humains dictent leur loi...

André Tassou

Préface du Pr Bernard Gonné

Des catastrophes climatiques sans pareil, notamment l'aridité des sols cultivables et les inondations régulières, provoquent des flux migratoires qu'intensifient les crises socio-politiques et alimentaires causées, en partie, par la « mauvaise gouvernance » et les attaques terroristes fréquentes. Cet ouvrage présente les multiples facettes de ces différents phénomènes et de leurs conséquences environnementales, socio-économiques et politiques et montre que cette partie de l'Afrique située au sud du Sahara est particulièrement mal lotie, à cause de son milieu naturel défavorable et de la mauvaise gestion de la part de certains de ses dirigeants autocrates.

(Coll. Études africaines, 226 p., 23,5 euros)

ISBN : 978-2-343-18283-4, EAN EBOOK : 9782140129551

MANUEL DE FINANCES PUBLIQUES

Théophile Ahoua N'Doli
Préface de Sem Daniel Kablan Duncan

Ce « Manuel des Finances Publiques » se propose de faciliter la compréhension des finances publiques et la maîtrise du processus de gestion budgétaire de l'État dans une économie de marché, et particulièrement dans l'espace UEMOA. Il aide à mieux cerner les aspects théoriques et pratiques de la gestion des finances publiques ainsi que les problématiques liées à l'Impôt, à la comptabilité publique, au Tableau des Opérations Financières de l'Etat (TOFE), à la gouvernance économique et à l'endettement public.

(Coll. Harmattan Côte-d'Ivoire, 356 p., 36 euros)
ISBN : 978-2-343-18242-1, EAN EBOOK : 9782140129384

RÉSILIENCE ET DÉVELOPPEMENT AU NIGER

Essai de capitalisation d'une approche novatrice

Maman Saley

Cet ouvrage vise à donner une contribution, basée sur les expériences vécues des acteurs dans le domaine d'action humanitaire et du développement pour proposer un dispositif opérationnel des actions humanitaire et du développement qui prend en compte le continuum, urgence, réhabilitation et développement de manière à répondre aux réelles préoccupations de la population et impulser un développement durable.

(Coll. Harmattan Côte-d'Ivoire, 92 p., 12 euros)
ISBN : 978-2-343-18179-0, EAN EBOOK : 9782140128509

STADE COLTAN. EXTRACTION MINIÈRE ARTISANALE, RÉFORMES ET CHANGEMENT SOCIAL

à l'est de la République démocratique du Congo

Claude Iguma Wakenge

Ce livre est le résultat d'un travail de collecte des données tirées de nombreux entretiens approfondis dans le Nord-Katanga (province du Tanganyika à l'est de la République Démocratique du Congo, RDC), des récits de vie et de l'observation du minage artisanal de coltan. Il présente le contexte et le développement de l'extraction minière artisanale, ainsi que l'analyse des réformes minières. L'étude examine les retombées de cette initiative sur deux groupes d'acteurs-clés : les mineurs artisanaux et les « négociants » ou acheteurs des minerais. À partir des études de cas, ce livre suggère que pour que les réformes minières aient des retombées positives pour les mineurs et les négociants, il est crucial de repenser ces réformes en prenant en compte les défis émergents.

(Coll. Études africaines, 256 p., 25 euros)
ISBN : 978-2-343-17217-0, EAN EBOOK : 9782140128219

LE DÉBAT FISCAL : UNE PASSION FRANÇAISE

Dominique Villemot

La fiscalité est au coeur du débat politique français, comme l'a montré le grand débat national, alors que les gilets jaunes ont demandé baisse des impôts et justice fiscale. Cet ouvrage montre que la crise des gilets jaunes signifie le rejet des Français suite à une hausse continue des impôts et s'inscrit dans le prolongement des révoltes antifiscales précédentes. Le premier défi d'Emmanuel Macron est donc de baisser durablement les impôts tout réduisant le déficit. La fiscalité est en effet au coeur du pacte démocratique, mis en branle par une crise de la représentativité. Le second défi d'Emmanuel Macron sera de rétablir le consentement à l'impôt dans notre pays.

(Coll. Finances publiques, 204 p., 21,5 euros)

ISBN : 978-2-343-18026-7, EAN EBOOK : 9782140127373

COMPRENDRE LES SOCIÉTÉS MULTINATIONALES

Willy Molenga Lingoto

Préface de Mwayila Tshiyembe

Cet ouvrage dont le contenu gravite autour de l'intelligibilité des sociétés multinationales, soulève les problèmes qui portent sur l'image qu'elles présentaient aux yeux des États en développement : une menace sinon un danger pour leur souveraineté. Mais avec le temps, à l'avènement de la mondialisation, cette image s'est muée en bien dans la mesure où les multinationales sont actuellement considérées comme les seuls acteurs incontournables de la vie économique. Les États, jadis méfiants, cherchent plutôt aujourd'hui à les attirer par des appâts tels qu'un train de règlementations incitatives.

(Coll. Géopolitique mondiale, 148 p., 16,5 euros)

ISBN : 978-2-343-17919-3, EAN EBOOK : 9782140127328

CHINA'S RESTRUCTURING IN FINANCE AND REAL ESTATE

Yongsheng ZHAO

Finance and real estate that this book aims to analyse are two significant variables for the economic growth of an emerging economy like China during its four decades' reform and opening-up. Chapter One will analyze China's restructuring in finance: banking & credit system reforms, WTO-oriented reforms, among others - a thorny issue for Chinese State-owned banks and enterprises. Chapter Two will focus on China's restructuring in real estate. As a controversial sector in China, real estate is a pillar of growth but faces a risky bubble. In fact, different variables have contributed to the expansion of the Chinese housing market. Finally, policy recommendations will be advanced.

(Coll. FNIB, 150 p., 16,5 euros)

ISBN : 978-2-343-17064-0, EAN EBOOK : 9782140126796

MONNAIE ET SYSTÈMES DE PAIEMENT

Mutations, enjeux et risques

Abdellah Belmadani

La monnaie a émergé il y a presque 2800 ans. Bien matériel avec les pièces métalliques, elle est devenue un signe avec le billet, une écriture comptable avec le paiement scriptural et enfin une donnée avec le paiement électronique. En dépit du changement, ces supports monétaires jouissent d'une acceptation généralisée. Mais le récent paysage des paiements se distingue par l'émergence de deux catégories de monnaie avec de nouveaux acteurs : les monnaies électroniques gérées par des entités non bancaires mais agréées, et les monnaies virtuelles qui circulent en privé et sans réglementation. Cette catégorie des crypto-monnaies, redoutée par les autorités, suscite craintes et controverses.

(Coll. L'esprit économique, 256 p., 27 euros)

ISBN : 978-2-343-17965-0, EAN EBOOK : 9782140126208

Structures éditoriales du groupe L'Harmattan

L'Harmattan Italie
Via degli Artisti, 15
10124 Torino
harmattan.italia@gmail.com

L'Harmattan Hongrie
Kossuth l. u. 14-16.
1053 Budapest
harmattan@harmattan.hu

L'Harmattan Sénégal
10 VDN en face Mermoz
BP 45034 Dakar-Fann
senharmattan@gmail.com

L'Harmattan Cameroun
TSINGA/FECAFOOT
BP 11486 Yaoundé
inkoukam@gmail.com

L'Harmattan Burkina Faso
Achille Somé – tengnule@hotmail.fr

L'Harmattan Guinée
Almamya, rue KA 028 OKB Agency
BP 3470 Conakry
harmattanguinee@yahoo.fr

L'Harmattan RDC
185, avenue Nyangwe
Commune de Lingwala – Kinshasa
matangilamusadila@yahoo.fr

L'Harmattan Congo
67, boulevard Denis-Sassou-N'Guesso
BP 2874 Brazzaville
harmattan.congo@yahoo.fr

L'Harmattan Mali
Sirakoro-Meguetana V31
Bamako
syllaka@yahoo.fr

L'Harmattan Togo
Djidjole – Lomé
Maison Amela
face EPP BATOME
ddamela@aol.com

L'Harmattan Côte d'Ivoire
Résidence Karl – Cité des Arts
Abidjan-Cocody
03 BP 1588 Abidjan
espace_harmattan.ci@hotmail.fr

L'Harmattan Algérie
22, rue Moulay-Mohamed
31000 Oran
info2@harmattan-algerie.com

L'Harmattan Maroc
5, rue Ferrane-Kouicha, Talaâ-Elkbira
Chrableyine, Fès-Médine
30000 Fès
harmattan.maroc@gmail.com

Nos librairies en France

Librairie internationale
16, rue des Écoles – 75005 Paris
librairie.internationale@harmattan.fr
01 40 46 79 11
www.librairieharmattan.com

Librairie l'Espace Harmattan
21 bis, rue des Écoles – 75005 Paris
librairie.espace@harmattan.fr
01 43 29 49 42

Lib. sciences humaines & histoire
21, rue des Écoles – 75005 Paris
librairie.sh@harmattan.fr
01 46 34 13 71
www.librairieharmattansh.com

Lib. Méditerranée & Moyen-Orient
7, rue des Carmes – 75005 Paris
librairie.mediterranee@harmattan.fr
01 43 29 71 15

Librairie Le Lucernaire
53, rue Notre-Dame-des-Champs – 75006 Paris
librairie@lucernaire.fr
01 42 22 67 13

www.ingramcontent.com/pod-product-compliance
Lightning Source LLC
LaVergne TN
LVHW021207061026
849535LV00008B/2617